U0888457

全国教育科学“十二五”规划 2015 年度教育部青年课题“现代学徒制中利益相关者收益分配机制研究”（课题批准号：EJA150379）研究成果

现代学徒制中利益相关者收益分配机制研究

赵　玮　著

中国财富出版社有限公司

图书在版编目（CIP）数据

现代学徒制中利益相关者收益分配机制研究 / 赵玮著. —北京：中国财富出版社有限公司，2020.9

ISBN 978-7-5047-7208-4

Ⅰ.①现… Ⅱ.①赵… Ⅲ.①职业教育—学徒—教育制度—研究—中国 ②职业教育—产学合作—收入分配—研究—中国 Ⅳ.①G719.2

中国版本图书馆 CIP 数据核字（2020）第 147686 号

策划编辑 李 丽　　**责任编辑** 戴海林 崔晨芳
责任印制 尚立业　　**责任校对** 孙丽丽　　**责任发行** 杨 江

出版发行 中国财富出版社有限公司
社　　址 北京市丰台区南四环西路 188 号 5 区 20 楼　　**邮政编码** 100070
电　　话 010-52227588 转 2098（发行部）　010-52227588 转 321（总编室）
010-52227588 转 100（读者服务部）　010-52227588 转 305（质检部）
网　　址 http://www.cfpress.com.cn　　**排　　版** 宝蕾元
经　　销 新华书店　　**印　　刷** 北京九州迅驰传媒文化有限公司
书　　号 ISBN 978-7-5047-7208-4/G·0737
开　　本 710mm×1000mm 1/16　　**版　　次** 2020 年 10 月第 1 版
印　　张 11.25　　**印　　次** 2020 年 10 月第 1 次印刷
字　　数 202 千字　　**定　　价** 49.00 元

版权所有·侵权必究·印装差错·负责调换

前 言

《教育部关于开展现代学徒制试点工作的意见》（教职成〔2014〕9号）指出，建立现代学徒制是职业教育主动服务当前经济社会发展要求，推动职业教育体系和劳动就业体系互动发展，打通和拓宽技术技能人才培养和成长通道，推进现代职业教育体系建设的战略选择；是深化产教融合、校企合作，推进工学结合、知行合一的有效途径；是全面实施素质教育，把提高职业技能和培养职业精神高度融合，培养学生社会责任感、创新精神、实践能力的重要举措。《现代学徒制试点工作实施方案》指出，遴选一批有条件、基础好的地市、行业、企业和职业院校开展现代学徒制试点工作；《教育部办公厅关于全面推进现代学徒制工作的通知》（教职成厅函〔2019〕12号）就“总结现代学徒制试点经验，全面推广现代学徒制”进行部署。

政府、行业系统、企业和职业院校是现代学徒制的主要利益相关者，厘清利益相关者合作参与现代学徒制的利益诉求，合理分配利益相关者收益，是推进现代学徒制实施的有效途径。从目前我国现代学徒制中利益相关者参与合作教育现状的研究来看，普遍存在企业等相关参与者参与合作教育动力不足、积极性不高等问题。因此，挖掘现代学徒制各主体的动力要素，有效地促进现代学徒制形式的校企合作深层次展开，实现产业与教育、职业与教育、职业教育体系与劳动就业体系互动发展，是培养技术技能人才的战略选择，是我国职业教育改革与发展的方向，也是推进我国经济加速发展的必由之路。

目前，国内外相关研究成果主要集中于现代学徒制的发展状况及评价研究、现代学徒制的比较研究、现代学徒制发展趋势和实施研究、现代学徒制个案实践研究、现代学徒制动力机制研究以及现代学徒制人才培养成本分担研究等方面。这些研究成果对我国现代学徒制中利益相关者收益分配机制研究具有一定的借鉴意义，但存在两个主要问题：第一，研究视角偏颇。第二，研究手段和研究方法单一。

本书依托全国教育科学“十二五”规划2015年度教育部青年课题“现代学徒制中利益相关者收益分配机制研究”（课题批准号：EJA150379），对现代学徒制中利益相关者收益分配机制进行了一定程度的研究。本书通过吸收国内外有关现代学徒制中利益相关者收益分配的最新研究成果，在分析现代学徒制中利益相关者参与合作教育现状、总结我国现代学徒制中利益相关者合作困境的基础上，对现代学徒制中利益相关者成本收益需求进行挖掘；运用成本收益法和博弈论，构建现代学徒制中利益相关者成本收益模型；从动力机制、激励机制、合作运行机制与反馈提高机制四个维度构建现代学徒制中利益相关者收益分配机制框架，进而展开现代学徒制中利益相关者收益分配实现路径及措施研究，以全面提升技术技能人才的培养质量，更好地服务产业转型升级和经济增长方式转变。因此，本书的研究对于推动现代职业教育体系的建立、促进现代产业体系的发展具有重要的理论和实践价值，对于促进技术技能人才培养具有重要的学术价值和应用价值。

感谢李慧凤老师在课题申请过程中的指导，感谢鲍新中老师对收益分配模型构建的指导，感谢王秦老师对研究框架、研究逻辑的指点以及对第6章撰写的具体指导。在本书撰写过程中，本人（北京联合大学）承担了第1、3、4、5、6章及第2章部分内容的撰写工作（约16万字），张苏雁（北京联合大学）参与了第2章部分内容的撰写工作（约4万字）。感谢中国财富出版社编辑老师们对本书的认真审校和勘误。

现代学徒制中利益相关者收益分配机制研究本身是一项复杂的工作，需要方方面面的研究和总结。由于本人的知识和研究水平的限制，书中难免存在纰漏之处，敬请各位老师和专家批评指正，期望在今后的研究中不断完善和改进。

赵　玮

2020年6月

目　录

1　导论

1.1　研究背景 ………………………………………………………… 1
1.1.1　世界“再工业化”战略对技术技能人才需求的挑战 ……………… 1
1.1.2　我国经济转型升级对技术技能人才需求的要求 ………………… 2
1.1.3　研究现代学徒制中利益相关者收益分配的必要性 ……………… 2
1.2　研究目的与意义 ………………………………………………… 3
1.2.1　研究目的 ……………………………………………………… 3
1.2.2　研究意义 ……………………………………………………… 3
1.3　国内外研究现状综述 …………………………………………… 4
1.3.1　国外相关研究现状 …………………………………………… 4
1.3.2　国内相关研究现状 …………………………………………… 5
1.3.3　国内外研究现状述评 ………………………………………… 6
1.4　研究思路、内容与方法 ………………………………………… 6
1.4.1　研究思路 ……………………………………………………… 6
1.4.2　研究内容 ……………………………………………………… 8
1.4.3　研究方法 ……………………………………………………… 9

2　现代学徒制利益相关者收益分配理论研究

2.1　现代学徒制的基本理论 ………………………………………… 10
2.1.1　现代学徒制的内涵 …………………………………………… 10
2.1.2　现代学徒制的价值 …………………………………………… 12
2.1.3　我国现代学徒制的特征 ……………………………………… 21

2.2 现代学徒制的利益相关者理论 …… 23
2.2.1 利益相关者的基本理论 …… 23
2.2.2 现代学徒制的利益相关者 …… 24
2.3 现代学徒制利益相关者的成本收益理论 …… 28
2.3.1 成本收益的基本理论 …… 28
2.3.2 成本收益的计算方法 …… 34

3 现代学徒制中利益相关者参与合作教育现状研究

3.1 利益相关者参与合作教育的现代学徒制政策分析 …… 38
3.1.1 利益相关者职责共担角度的工作原则 …… 39
3.1.2 利益相关者合作共赢角度的工作内涵 …… 39
3.1.3 利益相关者利益保障角度的工作保障制度 …… 39
3.1.4 利益相关者成本分担角度的试点内容 …… 40
3.1.5 利益相关者分工角度的试点要求 …… 40
3.1.6 利益相关者工作重点角度的培养和管理 …… 41
3.1.7 利益相关者工作组织角度的实施 …… 41
3.2 现代学徒制试点分布特征 …… 41
3.2.1 以政府（地级市）为申报单位的试点分布特征 …… 41
3.2.2 以行业系统为申报单位的试点分布特征 …… 42
3.2.3 以企业为申报单位的试点分布特征 …… 43
3.2.4 以职业院校为申报单位的试点分布特征 …… 45
3.3 我国现代学徒制案例分析 …… 51
3.3.1 以政府（地级市）为主导的试点案例分析 …… 51
3.3.2 以行业系统为主导的试点案例分析 …… 57
3.3.3 以企业为主导的试点案例分析 …… 71
3.3.4 以职业院校为主导的试点案例分析 …… 80
3.3.5 我国现代学徒制试点案例总结 …… 92
3.4 我国现代学徒制中利益相关者合作困境 …… 97
3.4.1 政府（地级市）参与合作困境 …… 97
3.4.2 行业系统参与合作困境 …… 97
3.4.3 企业参与合作困境 …… 98

3.4.4 职业院校参与合作困境 …… 99

4 现代学徒制中利益相关者成本收益需求分析

4.1 政府参与现代学徒制成本收益需求分析 …… 101
4.1.1 政府参与现代学徒制成本需求分析 …… 101
4.1.2 政府参与现代学徒制收益需求分析 …… 103
4.2 行业系统参与现代学徒制成本收益需求分析 …… 103
4.2.1 行业系统参与现代学徒制成本需求分析 …… 103
4.2.2 行业系统参与现代学徒制收益需求分析 …… 104
4.3 企业参与现代学徒制成本收益需求分析 …… 105
4.3.1 企业参与现代学徒制成本需求分析 …… 105
4.3.2 企业参与现代学徒制收益需求分析 …… 106
4.4 职业院校参与现代学徒制成本收益需求分析 …… 107
4.4.1 职业院校参与现代学徒制成本需求分析 …… 107
4.4.2 职业院校参与现代学徒制收益需求分析 …… 107

5 现代学徒制中利益相关者收益分配模型构建

5.1 基于成本收益的利益相关者成本收益模型构建 …… 109
5.1.1 利益相关者参与现代学徒制短期投资回报率模型 …… 109
5.1.2 利益相关者参与现代学徒制短期净收益现值模型 …… 110
5.1.3 利益相关者参与现代学徒制短期内部收益率模型 …… 112
5.2 利益相关者中校企短期成本及收益的计算方法 …… 113
5.2.1 利益相关者中校企短期成本及收益计算要素 …… 113
5.2.2 利益相关者中企业短期成本的计算方法 …… 114
5.2.3 利益相关者中企业短期收益的计算方法 …… 118
5.2.4 利益相关者中职业院校短期成本的计算方法 …… 120
5.2.5 利益相关者中职业院校短期收益的计算方法 …… 123
5.3 基于博弈论的利益相关者中校企收益分配模型构建 …… 124
5.3.1 利益相关者中校企博弈要素和假设 …… 124
5.3.2 利益相关者中校企收益分配均衡分析 …… 126

5.3.3 利益相关者中校企收益分配均衡模拟 …… 129
5.3.4 利益相关者中校企收益分配结论 …… 132

6 现代学徒制中利益相关者收益分配机制框架及实现路径研究

6.1 现代学徒制中利益相关者收益分配的基本原则和基本方式 …… 133
6.1.1 收益分配的基本原则 …… 133
6.1.2 收益分配的基本方式 …… 134
6.2 现代学徒制中利益相关者收益分配机制框架设计 …… 134
6.2.1 收益分配动力机制 …… 135
6.2.2 收益分配激励机制 …… 137
6.2.3 收益分配合作运行机制 …… 141
6.2.4 收益分配反馈与提高机制 …… 142
6.3 现代学徒制中利益相关者收益分配实现路径 …… 144
6.3.1 市场和社会引导 …… 145
6.3.2 政府（地级市）统筹 …… 146
6.3.3 行业系统指导 …… 147
6.3.4 职业院校和企业双主体推进 …… 148
6.4 基于现代学徒制中利益相关者收益分配实现路径的措施 …… 149
6.4.1 加大经费投入和资金支持 …… 149
6.4.2 关注利益相关者的利益诉求 …… 150
6.4.3 实施利益相关者合作博弈机制 …… 151
6.4.4 完善人才培养成本分担机制 …… 152
6.4.5 规范现代学徒制其他相关配套制度 …… 156

参考文献 …… 159
附录 …… 167

1 导论

1.1 研究背景

1.1.1 世界“再工业化”战略对技术技能人才需求的挑战

21 世纪初，发达国家的制造业逐渐萎缩，经济发展重心产生变化，金融、地产与专业服务产值之和超过制造业，出现“去工业化”现象。在 2008 年全球金融危机的冲击下，多年“去工业化”造成的产业经济空心化、制造业衰退等经济社会问题显现。在这一背景下，发达国家不得不转变自身的经济发展战略，纷纷启动回归实体经济的“再工业化”战略，将产业结构转向高附加值、知识资本密集型以及战略性新兴产业和高技术产业。“再工业化”战略的实施，一方面能够摆脱金融危机困境，实现经济复苏；另一方面能够占据新一轮产业革命制高点，实现全球经济主导。发达国家一系列振兴制造业的“再工业化”战略举措，在重新认识制造业价值、加强制造业发展，以新能源、低碳经济方式解决资源问题，扶持符合绿色能源、低碳发展趋势的战略新兴产业的同时，注重职业教育发展和制造业人才的培养。发达国家普遍为此制定和实施技术技能人才培养战略：美国大力培养理工人才、制造业技术工人及专业领域人才，引导技术学校、大学、企业、国家实验室协同发展；德国开展人才市场需求调查，大力培养信息化人才及符合工业 4.0 战略需求的人才；英国政府鼓励制造业企业与高校、技术学校合作培养制造业所需人才；日本大力培养高级技术开发及职业应用型人才。总之，发达国家通过战略规划、政策制定、资金投入及基础设施建设持续为制造业升级，为经济和社会发展储备高级技术技能人才、高层次技术人员、一线管理人员、社会服务领域专业从业人员。

1.1.2 我国经济转型升级对技术技能人才需求的要求

伴随着发达国家实施“再工业化”人才培养战略，重塑高端制造业竞争优势，加速推进新一轮全球贸易投资新格局，发展中国家也在加快谋划和布局，积极参与全球产业再分工，承接产业及资本转移，拓展国际市场空间，这些举措使低端制造业的中心逐渐向劳动力成本更低的东南亚转移。失去低端制造业中心地位的国家，低科技含量行业逐步被取代，对低端劳动力需求量大幅度降低，对高端技术技能人才的培养，特别是对一线高素质、复合型、技术精湛的技术技能人才的培养成为必然趋势。发达国家大力发展高端制造业、回归实体经济，而劳动力成本较低的发展中国家逐渐占领低端制造业，我国经济发展环境发生了重大变化：高端制造业缺乏核心竞争力，低端制造业成本优势逐渐消失，我国制造大国的地位已经受到来自发达国家和其他发展中国家的双重冲击，包括制造业在内的三次产业及新型产业发展，尤其是支撑其发展的人才资源配置面临新的挑战。经济转型、产业升级，迫切需要大力加强技术技能人才队伍建设；重点产业调整和振兴规划的实施以及战略性新兴产业的发展，急需一大批掌握精湛技能和高超技艺的技术技能人才作支撑；随着技术进步，特别是信息化、自动化技术的发展，具备高超技能、良好理论和技术知识素养、一专多能的技术技能人才将成为人才队伍的需求主体。在加快经济转型、促进产业升级的进程中，我国对技术技能人才需求的特征表现在：①第二、第三产业人才数量相对不足，与产业结构偏离度较高；②第二产业对技术技能人才需求增长；③第三产业对创新型、复合型、应用型和技术技能人才需求增长。

1.1.3 研究现代学徒制中利益相关者收益分配的必要性

面对世界“再工业化”经济发展趋势下高技术技能人才的竞争，以及我国经济转型升级对创新型、复合型、应用型和技术技能人才的需求，借鉴发达国家现代学徒制发展启示，实施现代学徒制人才培养成为我国应对挑战、实现可持续发展的关键支撑。从目前我国现代学徒制中利益相关者参与合作教育现状研究结论来看，普遍存在企业等相关参与者参与合作教育动力不足、积极性不高等问题，原因在于现代学徒制的实施中忽视了企业等相关参与主体的利益诉求。现代学徒制是多元参与主体相互博弈、寻求“共赢”的过程，以现代学徒制形式开展校企合作不仅仅是为了实现职业院校的育人目标，企业、政府、教师、学生甚至是行业中介组织等均有各自的利益诉求。各方的需求和具体利益诉求不同，造成合作过程中出现各种矛盾和冲突，使现代学徒制形式的校企合作难以深入和持续，急需适当的机制来协调。因此，挖掘现代学徒制各主体的动力要素，有效地促进现代学徒制形式的校企合作深层次展开，实现产业与教育、职业与教育、职业教育体系与劳动就业体系互动发展，是推进现代职业教育体系建设的战略选择，是深化产教融合、校企合作，推进工学结合、知行合一的有效途径。

1.2 研究目的与意义

1.2.1 研究目的

本书拟通过吸收国内外有关现代学徒制的最新研究成果，对我国现代学徒制中利益相关者参与合作教育现状进行调研，对利益相关者的需求进行深度挖掘，在构建现代学徒制中利益相关者收益分配框架与模型的基础上，展开收益分配实现路径研究，以解决现代学徒制中利益相关者参与合作教育积极性不高的问题。

1.2.2 研究意义

作为一种与经济社会发展联系最直接、最密切的教育类别，目前我国的职业教育服务产业发展的能力不足，不能适应经济增长方式的转变、产业结构的调整以及现代产业体系建立与发展的需要；现有的职业教育人才培养体系和结构与社会、行业、企业对人才需求的结构不相适应，产业与教育、职业与教育、职业教育体系与劳动就业体系脱节。这一系列突出问题成为制约职业教育以及现代产业体系发展的瓶颈。深度融合、持续发展的校企合作、产教融合是解决这一系列突出问题的重要途径。而建立和完善中国特色现代学徒制，是职业教育主动服务经济社会发展要求，推动职业教育体系和劳动就业体系互动发展，打通和拓宽技术技能人才成长通道，全面实施素质教育，把提高职业技能和培养职业精神高度融合，培养学生社会责任感、创新精神、实践能力的重要举措。国际上，西方经济发达国家高度重视现代学徒制，从理论研究到实践应用都取得了丰硕成果，特别是在促进产业与教育、职业与教育、职业教育体系与劳动就业体系互动发展方面取得明显成效。

如何破解我国当前产业与教育、职业与教育、职业教育体系与劳动就业体系脱节这一突出问题？2014 年以来，国家出台一系列文件，把推进现代学徒制作为破解我国当前职业教育及现代产业体系发展难题的有效途径之一。《教育部关于开展现代学徒制试点工作的意见》从充分认识试点工作重要意义、明确试点工作总要求、把握试点工作内涵和完善保障机制等方面对现代学徒制发展进行了系统规划。

本书以解决利益相关者参与现代学徒制积极性不高，推动现代学徒制长效发展为目标，这既是实现产业与教育、职业与教育、职业教育体系与劳动就业体系互动发展的必由之路，也是我国现代职业教育改革的方向，对于推动现代职业教育体系的建立、促进技术技能人才培养具有重要的学术价值和应用价值。

1.3 国内外研究现状综述

1.3.1 国外相关研究现状

第一，现代学徒制的发展状况及评价研究。Norton Grubb W. 和 Paul Ryan（2002）描述了现代学徒制在英国培训市场的发展状况、特点及影响，并从经济学的角度对现代学徒制的运行机制、发展态势等做出评价；提出影响英国培训市场的三个因素，即信息约束、财政限制和雇员自我投资进行培训的意愿低。英国的就业权利协会（The Institute of Employment Rights）的一系列研究针对英国现代学徒制的发展状况提出如何在利益主体间平衡和分配培训成本是需要重点解决的问题。

第二，现代学徒制的比较研究。Hilary Steedman（2005）将欧洲的学徒制分为需求引导型和供给引导型两大类，并对其特点进行了比较：前者雇主责任感强，企业培训强大，学徒制与全日制教育结构相分离；后者雇主责任感弱，企业培训相对较弱，学徒制与全日制教育结构进行了较为密切的整合。Sharpe A. 和 Gibson J.（2005）比较了西方各国现代学徒制对职业教育发展的影响程度：现代学徒制在德国和澳大利亚占有相当重要的地位，在加拿大、法国、爱尔兰和英国等国家也是职业教育发展的有力补充，但在美国的发展则显得较为薄弱。

第三，现代学徒制发展趋势和实施研究。Wellington J.（2015）总结了现代学徒制的经验教训，论述了重构工作本位的发展趋势和实现过程；从发展劳动力市场的角度，研究了现代学徒制的问题和发展趋势。

从实践上看，国外现代学徒制的发展模式各具特点。20 世纪 90 年代以来，国外职业教育体系建设与国家产业、区域经济发展互相促进，职业学校、企业承担技术技能人才培养的合作形式及程度不同，形成了不同的现代学徒制模式。其中，较为突出的代表有日本“以企业为基础”、美国“以学校为基础”和德国“以企业 + 学校为基础”的现代学徒制模式。针对新兴、高科技行业以及迅速增长的服务行业等，德国引入和发展“双元制”职业教育文化，使企业能够成为“教育企业”。学校、企业协同实现技术技能积累，培养出大批进入职场即可胜任工作的综合性人才。与日本依赖注入式和内生式技术技能积累途径、受教育者主要通过企业获得技术技能不同，德国“以企业 + 学校为基础”的现代学徒制模式依赖共生式技术技能积累途径，采取知识联盟、合作创新的方法，让受教育者充分利用职业院校和企业的优势资源实现技术技能积累。其主要特点为：受教育者在初中毕业后分流，企业中的学徒培训同“以学校为基础”的教育融为一体，实现受教育者从学校到工作的顺利过渡。

1.3.2 国内相关研究现状

第一，现代学徒制模式介绍及评价研究。关晶和石伟平（2011）对西方现代学徒制的特征以及新的发展趋势进行了梳理。刘群和元梅竹（2013）以世界典型国家、地区的现代学徒制的基本模式为研究对象，从职业教育的理论、法律保障和实施等角度分析其发展现状和主要特征。彭兰丽和张丽云（2019）通过对德国“双元制”模式的研究，提出了摆脱现代学徒制面临的制度困境的方法，为我国现代学徒制的制度构建提供了很好的借鉴。

第二，现代学徒制建设必要性、原则研究。陈敬春（2019）指出现代学徒制能够提高青年人的技术能力，能够使传统的手艺得到传承，更能降低青年人的失业率。他通过对建立现代学徒制的重要性进行分析，对现代职业教育制度进行了补充。吴翠荣（2014）从有利因素、制约条件及条件保障等方面研究了高职教育实施现代学徒制的可行性和必要性，指出政府、职业院校、企业及学生等多方面的联动和相互配合才能真正推进和有效实施现代学徒制。

第三，现代学徒制个案实践研究。这方面的研究主要是对各院校、各地区进行现代学徒制试点工作相关实践的研究。陈若蕾（2014）以广东科贸职业学院文秘专业为例对现代学徒制人才培养模式改革进行了探索。朱力和程娟娟（2014）以南京信息职业技术学院昆山学院为例，对现代学徒制本土化发展的困境进行了研究。

第四，现代学徒制动力机制研究。丁雯和阚雅玲（2016）指出构建企业参与现代学徒制动力机制的策略包括建立现代学徒制参与企业标准和岗位技能标准，鼓励建立企业内部长期合约，延长生产性任务培训时间以提升学徒的生产力，整体评估现代学徒制项目投资回报效益。杜广平（2014）指出企业参与现代学徒制的动力源于三方面的利益：一是为行业企业培养技术型人才；二是为企业树立在行业内的形象；三是国家有一定的政策优惠和资金补助，而目前第二方面和第三方面的动力不足。

1.3.3 国内外研究现状述评

上述研究成果对于我国现代学徒制的理论研究及实践具有重要的借鉴及指导意义，但现有研究主要存在两个问题。

第一，研究视角偏颇。现代学徒制是多元参与主体相互博弈，寻求“共赢”的过程。以现代学徒制形式开展校企合作不仅仅是为了实现职业院校的育人目标，企业、政府、教师、学生甚至是行业中介组织等均有各自的需求。各方需求和具体利益诉求不同，造成合作过程中出现各种矛盾和冲突，使现代学徒制形式的校企合作难以深入和持续，急需适当的机制来协调。但从现有的关于现代学徒制动力机制的研究来看，多数研究是从满足职业院校需求角度出发，忽视了对企业等其他参与主体需求的关注；即使有所考量，其研究也停留于现代学徒制动力来自多方共赢的空洞结论上，对如何深度挖掘参与方的动力要素、参与主体的共同利益最大化表现形式及实现，研究目前鲜有涉及。

第二，研究手段和研究方法单一。这一问题表现在：文献研究多为现实描述性的研究，缺乏理论性、系统性、归纳性的分析方法和手段；研究角度多局限在教育学领域，从经济学、管理学等学科角度进行的研究较少，缺乏多学科的交叉研究；研究手段以个案研究和实证性研究为主，规范性和系统性研究偏少；研究方法多采用定性研究，定量研究较少。

1.4 研究思路、内容与方法

1.4.1 研究思路

本书的研究目标是针对现代学徒制中利益相关者参与合作教育积极性不

高的现状，从理论和实践两个层面对现代学徒制中利益相关者的需求，尤其是成本收益需求进行分析，对利益相关者收益分配模型及实现路径进行研究，解决我国现代学徒制收益失衡问题。其研究思路围绕研究铺垫—研究主体—研究对策展开。研究思路如图 1-1 所示。

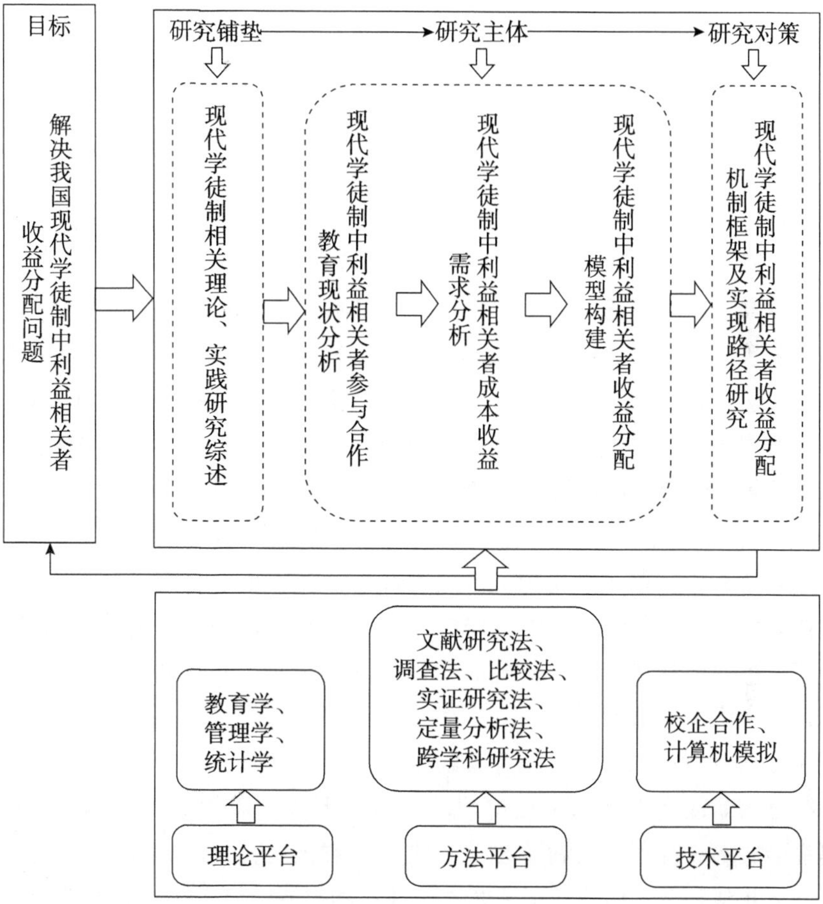

图 1-1 研究思路

研究铺垫通过对国内外相关文献的检索、资料收集和专家访谈，对现代学徒制相关理论、实践研究进行综述。

研究主体首先对现代学徒制中利益相关者参与合作教育现状进行分析，总结我国现代学徒制中利益相关者的合作困境；其次对现代学徒制中利益相关者成本收益需求进行分析；最后运用成本收益法和博弈论，对现代学徒制中利益相关者收益分配模型进行构建。

研究对策从动力机制、激励机制、合作运行机制、反馈与提高机制四个维度构建现代学徒制中利益相关者收益分配机制框架，进而展开对现代学徒制中利益相关者收益分配实现路径及措施的研究。

1.4.2 研究内容

（1）现代学徒制相关理论、实践研究综述

通过对国内外相关文献的检索、资料收集和专家访谈，从现代学徒制制度、各主体类型以及发展模式等角度进行综述、研究，为现代学徒制中利益相关者收益分配框架设计及实现路径研究奠定理论和实践研究基础。

（2）现代学徒制中利益相关者参与合作教育现状研究

2015 年，我国遴选确定了首批现代学徒制试点单位和行业试点牵头单位，形成地区政府、行业、企业和职业院校多主体参与合作教育现代学徒制模式。围绕现代学徒制试点的实施要求，即“积极推进招生与招工一体化、深化工学结合人才培养模式改革、加强专兼结合师资队伍建设、形成与现代学徒制相适应的教学管理与运行机制”等多个方面对试点单位进行现状调查和案例研究，对其成效和问题进行总结，总结利益相关者合作困境。

（3）现代学徒制中利益相关者成本收益需求分析

在现代学徒制实施过程中，需要对不同阶段利益相关者的成本收益需求进行深度挖掘，对其内涵和表现形式进行系统定义，并在此基础上进行量化分析，为现代学徒制中利益相关者收益分配框架设计提供定量论证支持。

（4）现代学徒制中利益相关者收益分配模型构建

结合当前现代学徒制试点单位的现状，围绕利益相关者成本收益需求，构建基于成本收益理论的利益相关者成本收益模型，并对成本收益要素进行计算，在此基础上，构建基于博弈论的利益相关者中校企收益分配模型。

（5）现代学徒制中利益相关者收益分配机制框架及实现路径研究

在梳理现代学徒制中利益相关者收益分配原则和方式的基础上，从动力机制、激励机制、合作运行机制、反馈与提高机制四个维度构建现代学徒制中利益相关者收益分配机制框架，以市场需求和社会推动为引导，基于三层面、四位一体的现代学徒制中利益相关者收益分配实现模式，构建宏观层面政府（地级市）统筹、中观层面行业系统指导、微观层面职业院校和企业双主体推进的现代学徒制中利益相关者收益分配实现路径，进而展开现代学徒制中利益相关者收益分配措施研究。

1.4.3 研究方法

（1）理论研究与实证分析相结合

本书基于经济学相关理论、可持续发展理论、资源配置理论以及管理学理论等，从理论和实证两个层面对现代学徒制中利益相关者参与合作教育的现状、面临的困境和需求进行研究。研究工作以实证为基础，综合运用文献调研、比较法、调查法等方法对利益相关者的需求进行深度挖掘。

（2）定性分析与定量分析相结合

本书综合运用文献研究法、调查法等定性分析法及比较分析法、定量法展开研究，对现代学徒制中利益相关者需求进行挖掘，对利益相关者的成本收益要素进行计算。

（3）归纳比较与演绎分析相结合

本书运用归纳分析和比较分析的方法，通过对国内外相关的研究成果进行综述、归纳、分类和比较，总结出主要观点。在对现代学徒制中利益相关者收益分配框架及模型构建等问题进行研究时，本书以现代学徒制理论、管理学理论、相关概念及原则为基础，推理演绎现代学徒制中利益相关者收益分配实现的路径。

2 现代学徒制利益相关者收益分配理论研究

2.1 现代学徒制的基本理论

2.1.1 现代学徒制的内涵

根据李政（2019）的论述，“现代学徒制”这一概念的英文是Modern Apprenticeship，这一英文名称决定了“学徒制”是其核心，冠之以“现代”二字表明其与传统学徒制的区别。关晶（2010）通过梳理学徒、学徒制以及学徒制教育等概念，认为目前“学徒制”的含义有狭义和广义两种。狭义的学徒制中存在正式的契约关系，广义的学徒制则包括了非契约形式的学徒培训。现代学徒制强调了学徒制的“现代性”，针对这一特点，中外学者根据不同的国情和研究范式，从不同的层次和维度进行了阐释。

1. 制度构建内涵

学者们将制度构建内涵下的现代学徒制视为一种宏观层面的制度结构，即在一定条件下，利益相关者围绕人才培养协同合作，构建关系密切的利益共同体。学者不仅强调制度构建中的各个要素，也强调了要素构成的制度体系：现代学徒制从设计到实施再到评价的整体安排。

欧盟委员会、欧洲学徒联盟组织编著的《欧洲现代学徒制》认为，学徒制正式将企业本位培训与学校本位教育相结合，学徒通过参加学徒制成功完成学业并取得国家承认的职业资格证书，这期间，通常企业需要与学徒建立合同关系并支付工资。

2015年，联合国教科文组织（联合国教育、科学及文化组织）做的远程会议报告 *Delivering TVET through Quality Apprenticeships* 提出，“现代学徒制作为一种独特的职业教育形式，通过具体定义的能力与工作流程将基于岗位的学习与基于学校的学习紧密结合，它受法律、书面的雇佣合同以及标准的社会保障计划制约，雇主的义务支出被包含在雇佣合同中，待确定时间段的学习结束后，学徒可以获得认可，从而领取一份正式的评价证书”。

陈俊兰（2014）指出，现代学徒制建立在我国悠久的学徒制传统与广泛存在的非正式学徒制基础之上，是具有合理性、现实性以及合法性的技术技能人才培养途径，能够在很大程度上解决目前职业教育中校企合作的困难，更好地利用校企合作资源，将工作过程与学习过程进行整合，使职业教育的各主体（学校、企业与个人）共同分担职业教育成本、获得收益，是提高经济运行效率、促进社会财富向弱势群体分配和倾斜、体现社会公平与正义的一种良性制度安排。

2. 人才培养内涵

学者们将人才培养内涵下的现代学徒制从学校和企业等人才培养主体的中观层面进行界定，突出了现代学徒制在人才培养中的统领作用，强调现代学徒制通过其独特的教学、教师以及课程的安排与设置，为学员提供的技能学习和职业发展模式，且这种模式是可以迁移和复制的，尽管形式上有所不同，但核心一致。简单来说，人才培养内涵下的现代学徒制定义是教育要素的一种集合，我国教育学界一般称之为人才培养模式。

3. 机构合作内涵

机构合作内涵下的现代学徒制，被视为若干利益相关者或机构的合作机制，尤其强调校企围绕人才培养和用工制度等方面形成稳定的合作框架，强调现代学徒制的实施主体之间的关系，凸显了现代学徒制中的新型校企合作特征。赵鹏飞和陈秀虎（2013）认为，校企合作是前提，工学结合是核心，现代学徒制是一种新型职业人才培养实现形式，是将传统的学徒培训与现代学校教育思想结合的一种校企合作的职业教育制度。

4. 学习形式或教学模式内涵

学习形式或教学模式语境下的现代学徒制强调现代学徒制在具体的人才培养执行环节中表现出的特征，即现代学徒制究竟如何体现在学校教师的教学、企业师傅的教学以及学生自身的学习过程中。2013 年，欧盟委员会发布的《欧洲工作本位学习：实践与政策要点》认为，学徒制作为工学交替具体的学习形式之一，可被定义为“在工作场所和教育机构或培训中心进行的系统性的、长期的交替培养”。在欧盟国家，工学交替与学徒制这两个术语经常被交替使用，这两种模式均具有高强度和高频率的一体化或真实工作情境特征。

徐国庆（2017）认为，结合我国现代学徒制试点的经验可将现代学徒制的本质归纳为四个方面，即基于稳固师徒关系的技术实践能力学习方式、针对现代工业与服务业中技术技能人才培养的学徒制、新型师徒学习方式与学校职业教育结合的人才培养模式、基于现代职业教育的技术技能人才培养制度，凸显了现代学徒制中国化的内在需求。

现代学徒制无论是从宏观制度层面、中观人才培养与机构合作层面，还是从微观教学模式层面来看，都具有以下特征：①制度化安排。这是现代学徒制与传统学徒制的显著差异。传统学徒制中的契约由师傅与徒弟间私下达成，缺乏第三方约束，虽然行会出现后由行会实行监管，但也因缺少法律保护从而缺少有效的规制力。现代学徒制强调，在法律框架下由企业、学徒、学校、师傅、政府等利益相关者订立相关合同条款，明晰学徒制内部各主体的权利和义务，是制度化师徒关系的写照。此外，传统学徒制的技能学习过程与认证由师傅完成，虽然近代出现过行会认证，但行会认证缺乏稳定性和跨区域性。而现代学徒制是通过客观的、规范化的技能认证过程，授予技能学习合格者相应的证书，同时为保障技能人员的发展权利，也设立相应的技术晋级机制，这是现代学徒制在制度化层面的创新。②对学校理论知识学习和工作场所学习的交替安排。这一安排充分吸收了传统学徒制在工作场所学习上的优势，并且吸收了学校在现代技术理论知识学习上的优势，以交替学习的方式进行设计和安排，能够实现在显性知识与隐性知识相互促进下的技能成长，是现代学徒制最典型的特征。③依托于现代产业背景。人才应聘的岗位具有后工业时代和新一轮技术革命的特征，比如制造业中的先进装备制造、服务业中的酒店服务与管理等岗位，所对应的技术与生产组织方式要求工人有更高的理论知识水平和技术素养，这是现代学徒制人才培养中需要关注的主要方面。

2.1.2 现代学徒制的价值

2.1.2.1 实践价值

1. 推动我国职业教育发展

2014 年 5 月，《国务院关于加快发展现代职业教育的决定》将在职业教育中发展现代学徒制试点工作提上日程。2014 年 8 月，《教育部关于开展现代学徒制试点工作的意见》涵盖了在积极推进招生与招工一体化、深化工学结合人才培养模式改革、加强专兼结合师资队伍建设、形成与现代学徒制相适应的教学管理与运行机制四个方面进行现代学徒制试点工作的要点。2015 年 8 月，教育部公布了首批现代学徒制试点单位。2017 年 8 月，教育部确定了第二批现代学徒制试点单位。2019 年 1 月，国务院下发的《国家职业教育改革实施方案》将具有现代学徒制特征的“推进资历框架建设”“推动校企全面加强深度合作”“坚持知行合一、工学结合”“推动企业和社会力量举办高质量职业教育”等举措作为实施职业教育改革的要点来抓，全面落实职业教育改革，使其服务于我国的宏观经济结构调整和产业升级发展战略。

2. 推动制造业和服务业高质量发展

2014 年 5 月，习近平总书记在河南考察时，首次提出新常态重要判断。党的十九大进一步明确，我国已由经济高速度增长阶段迈向经济高质量发展阶段，迫切需要传统制造业的转型升级和服务业的提质增效。职业教育担负着培养产业转型所需的技术技能人才和数以亿计高素质劳动者的重任。在职业教育中实行现代学徒制，可以由校企双主体对人才进行协同培养，注重职业技能的实践能力培养，进而有针对性地提高技术技能人才的培养质量，对促进我国制造业和服务业跻身世界高端行列起到重要支撑作用。

3. 促进产教融合与校企合作

产教融合是我国职业教育融入国家创新体系建设的关键环节，是我国教育改革和人才开发的整体性制度安排，是当前推进人力资源供给侧结构性改革的迫切要求，对促进产业链、教育链、人才链以及创新链之间的有机衔接具有十分重要的意义。新形势下，职业教育现代学徒制通过对接人才培养目标与岗位标准的人才培养方式，实现学校理论学习与企业实践学习相结合育人，进一步推进校企合作和产教融合向纵深发展。

4. 推动职业教育供给侧改革

供给侧改革是党中央在经济新常态下提出的重大创新举措和战略部署。通过推进职业教育供给侧结构性改革，可以提高职业教育人才培养质量，满足我国产业转型升级背景下的人才缺口，完成中国制造由大变强的战略任务。现代学徒制是根据市场经济发展和企业岗位用人需求，由校企双方同向合作，向学生（学徒）传授基础理论知识和实践技能，由多方主体共同参与的协同育人培养模式。现代学徒制在职业教育中的实施，从供给侧改革的角度，为社会输出了高素质的技术技能人才，适应了新兴产业和产业转型对人才的需求，对大学生就业的严峻形势也有所缓解。

2.1.2.2 理论价值

1. 雇主视角

雇主指以企业为代表的商业组织中组织雇员进行有目的的生产活动并向

他们支付工资和报酬的自然人或者法人。雇主视角下现代学徒制的价值，是现代学徒制在实践中为商业组织带来的价值和商业组织雇主为了实现这种价值而付出的成本和采取的措施。现代学徒制的兴起与企业的关系密切，企业参与现代学徒制的程度直接关系到现代学徒制能否生存和发展下去，所以，从雇主视角对现代学徒制进行审视有着重要意义。

Axmann Michael 和 Hofmann Christine（2013）认为，一方面商业组织的雇员能通过现代学徒制得到实践层面的训练，另一方面商业组织雇主能通过现代学徒制获得稳定的雇员来源，即使商业组织雇员具有不可避免的流动性，商业组织仍然能获得具有竞争力的劳动力池，防止组织雇员流动带来的技能损失。现代学徒制可以使商业组织认识到学习的重要性而变得重视学习，尤其是对那些拥有全职雇员的商业组织来说，这种对雇员的投资带来的回报非常可观。Richard Marsh（2013）通过对比分析 2011 年与 2012 年两次对 4000 名商业组织雇主的访谈发现，商业组织雇主在学徒制中获得的收益和效果比起预期有明显提升，同时在商业组织的形象和雇员的职业道德方面，存在着一些没有提前预知的潜在收益。在学徒工作和学习技能的同时，商业组织本身收获了来自学徒的服务。商业组织通过培养学徒适应组织自身的需要，达到行业标准，既能获得忠诚的雇员，又能营造全方位合作的组织文化。商业组织原有的雇员在培训学徒的过程中也获益良多。68% 的商业组织在接受国家对现代学徒制的调研中都表示学徒对组织的生产力做出了实际的贡献。2012 年研究机构 IFF（Industrial Facts and Forecasting）发布的报告 *Evaluation of Apprenticeships Employers* 描述了研究人员通过电话调查的方式调查了 4075 个拥有 18 个月以上学徒的商业组织雇主，证实商业组织雇主是带着较高的利益诉求和权力支撑加入现代学徒制项目中的。商业组织雇主通过加入现代学徒制项目收获了巨大利益。第一，加入现代学徒制项目能够给商业组织雇主带来许多直接利益，主要体现：72% 的雇主认为工作效率得到了提升，69% 的雇主认为士气得到了提升，67% 的雇主认为企业产品质量得到了改善。第二，现代学徒制项目也能够给商业组织雇主带来获得高素质人才、提升组织声誉等间接利益。赵鹏飞（2014）认为，现代学徒制为商业组织中岗位技术技能人才的选、育、用、留开辟了新途径，有效缓解了商业组织在转型升级过程中的人才匮乏问题，从而调动了商业组织参与职业教育的积极性，增进了校企之间、专业与产业之间、学习场所与工作场所之间的融合。王宇苓、雷沪和胡娜（2016）认为，现代学徒制一方面可解决部分商业组织的招工难问题；

另一方面，通过师傅与学徒的研究合作，可提升商业组织的创新能力、劳动生产率和竞争力，在促进产业发展的同时为社会创造更多的价值和财富。

从商业组织雇主的视角发现，现代学徒制不仅为商业组织带来了较高的技术水平、产品质量、生产率以及雇员忠诚度等，还有稳定的人力资源供给、良好的社会形象和影响以及员工职业道德的提高等优势。为了实现这些价值，商业组织在资金、方法和工作模式等方面采取了诸多举措，来确保能够收获现代学徒制带来的现实利益和潜在利益。当然，这些价值的实现是需要一些前提条件的，如学徒较长的实习期限与较高的留任率等。

2. 学徒视角

学徒是现代学徒制人才培养模式直接受益的主体，现代学徒制的培养使学徒形成了熟练的操作技能、拔尖的职业能力和全面的社会能力。从学徒视角对现代学徒制的价值进行审视，更多表现在学徒在接受现代学徒制人才培养模式的培养过程后所获得的各种类型的收益，包括经济层面的工资报酬与社会福利、心理层面的社会地位提升，还有学业层面的成绩提升、顺利毕业，以及收获职业能力等收益。现代学徒制建立在学校和企业两大人才培养载体之上，贯穿学生接受职业教育的始终，必然会为学生的学习、工作与生活带来更深层次的影响。需要明确的一点是，这里提到的学徒是广义的概念，不论年龄和身份上的差别，只要成为现代学徒制人才培养模式的培养对象，就被认为具有学徒身份。

Hofer H. 和 Lietz C. （2004）通过社会保险方面的数据研究了接受学徒制训练的商业组织雇员薪资收入与工作稳定性的情况，研究发现那些接受过学徒制训练的组织雇员和未接受过训练的组织雇员在薪资收入和工作稳定性上呈现出明显差异，接受过学徒制训练的组织雇员的薪资收入显著高于未接受过训练的组织雇员，而且呈现出比较低的人才流动性。王振洪和成军（2012）认为现代学徒制的培养过程融合了针对性、适应性和发展性，更加重视学生的个性化发展，具有较强的个人价值取向，符合人才培养的规律。现代学徒制体现了“以生为本”的人才培养观，有利于激发学生的职业理想，促进学生职业生涯的顺利进行。2013 年欧盟委员会发布的《欧洲工作本位学习：实践与政策要点》指出，现代学徒制是一种工作本位学习，有机会参加现代学徒制的青年人可获得多样化的实习和锻炼机会，是提升自己的良好契机，能使他们实现个性化和特色化的长足发展。在工作场所，他们参与生产或提供服务，每天都要面临生产或服务方面新的挑战，这个实践过程有助于他们在实际岗位中提高工艺水平，为日后成为岗位专家打下基础，而在过去以学校为本位的环境中，这些能力是没有机会发展的。关晶和石伟平（2013）认为，开展普遍的农民工培训可以提升农民工的劳动质量，加快我国经济转型的实现等，但是在现代学徒制中学徒价值的实现必须基于学徒对于现代学徒制的选择意愿的前提，通过将现代学徒制引入农民工培训，能更加有效地解决当下我国农民工培训面临的问题和困境。Colin Crouch（1997）认为，一般而言，普通教育能为社会地位较高的人群提供较高的声望和流动性，而为社会地位较低的人群带来比较低的提升。从微观上来看，这种个体成功的不确定性造成了选择的不确定性，导致的宏观上的后果是人们更倾向于选择普通教育。Malcomson J.，Maw J. M. 和 Mccormick B.（2003）认为，如果不考虑个体的自然禀赋，学徒制培训能使工资得到增长是占有限的社会资本的个体倾向于选择学徒制而非大学教育的一个重要因素，但是专家认为这个选择同时伴随的另一个问题是学徒制的培训风险可能会高于普通大学教育：一方面，学徒学习专门技能获得的终身收入可能低于他们在普通大学学习的通用技能所获得的收入；另一方面，在不确定的技术发展和全球化进程之中，专门技能的市场可能会被淘汰，这也成为影响个体选择参与学徒制培训的重要因素。

从学徒视角审视现代学徒制的价值我们可以看出，现代学徒制在提升学徒的薪资水平、推动其职业生涯发展、促进社会就业等方面有一定作用。现代学徒制能发挥这种作用，源于现代学徒制作为职业教育制度的完备性，源于现代学徒制作为人才培养模式的时代性，也源于现代学徒制作为校企合作办学模式的创新性。在现代学徒制中，学徒的权益在制度层面得到了充分保障，学徒拥有更科学有效的技能成长机制，并通过与企业之间的学徒培养关系，建立并形成了有效的职业成长通道。实践证明，现代学徒制为学徒注入了明确的职业发展动力与资源后，学生在技能等级和学业表现等方面都交出了更满意的答卷。

3. 政府视角

政府层面对现代学徒制的价值认识主要来源于其在解决高失业率问题上发挥了积极作用，同时提升了人力资源的技能水平，进而有利于国家经济发展水平的整体提升。政府积极推进现代学徒制的另外一个重要因素，是现代学徒制可以用较低的成本去调动更大范围内的利益主体参与技能的提升，但要实现这一价值就必须借助政府的协调与推动作用。政府要通过政策、法案等为现代学徒制的运行扫除各类障碍，从而为实现现代学徒制的实践价值提供充分的制度保障和社会保障。

David Gary 和 Mark Morgan（1998）通过研究欧洲各国实施现代学徒制的情况，发现在过去的几十年中，英国政府为现代学徒制提供了强有力的政策与财政支持，因此现代学徒制在英国创造了高质量、高素质的劳动力，在人才培养和降低失业率等方面发挥了非常重要的作用。陈俊兰（2014）认为政府通过对非正式学徒制进行升级改造使其发展为现代学徒制，能有效地保护社会上处于弱势地位的群体以及商业组织的利益，进一步缩小贫富差距，从而大大增进社会公平。苑国栋（2009）、陈靖（2016）、田英玲（2014）、关晶（2013）介绍了美国、英国、瑞士、法国、澳大利亚、德国等国政府在现代学徒制的实施过程中发挥的作用和经验。美国政府分别于 1982 年、1984 年制定了《职业训练合作法》《帕金斯职业教育法》等法案，积极推动当地的商业组织和社区学院之间开展合作教育。英国的现代学徒制起源于 1993 年的政府预算报告，报告中宣布了现代学徒制计划并将学徒培训列入了政府预算，从而使现代学徒制有了稳定的经费保障，由学习与技能委员会及其下设的地方委员会负责对现代学徒制经费进行具体的实施和运作。瑞士将职业教育的管理职能进行了合理的分工，联邦政府层面负责推进现代学徒制的战略规划，不参与具体的管理或执行事宜，实施与监督则是由各州政府在学徒培训过程中负责实施与监督的两大主体职能与责任。法国政府在法国的现代学徒制改革中起了主导作用，包括政策层面的立法、制定税收政策以及将现代学徒制与全日制教育等值，执行层面的组织相关委员会和工作组、直接拨款以及质量监督保障等。澳大利亚政府一直在现代学徒制的政策层面与执行层面发挥着极其重要的作用，通过在政策层面制定相关的法律政策，在执行层面成立专门的管理机构以及加大资金投入等措施，开展校企合作，为现代学徒制创造有利的条件。在德国，政府则通过法律与制度将“双元制”模式固定下来，在实施“双元制”职业教育模式的过程中，商业组织与学校之间的行为仍然依赖于政府的协调与立法的约束。

在市场化的环境下，现代学徒制的顺利运转也需要依靠政府的力量。政府通过出台购买服务、各类补贴等政策为现代学徒制中的师徒技能传承机制提供一个去市场化的内部环境。而这种人才培养模式在助力产业结构转型升级、解决失业问题、提升区域乃至国家劳动力技能水平以及维护社会稳定等诸多方面都有着不可替代的作用，这也是欧洲多国政府近些年来大力发展现代学徒制的原因所在。

这里需要指出的是，我国采用现代学徒制人才培养模式在社会环境方面与西方国家不尽相同。对我国失业率数据进行调查得到的数据，与欧洲一些国家如法国、希腊、爱尔兰、芬兰等国相比偏低，但由于我国人口基数比较大，失业人口数量仍然十分庞大，所以通过现代学徒制来解决职业院校毕业生、进城务工人员以及城镇失业人员等群体的就业问题依然是政府的主要出发点。但在解决社会失业问题的同时，我国存在着产业转型升级的迫切需求，且技术技能人才供求的结构性矛盾日益突出。正是职业教育的人才培养未能满足产业转型升级对从业人员知识与技能的新需求，造成了职业院校培养的人才供给和劳动力市场的人才需求之间的“失配”。而在这种情况下，“技工荒”与失业两者之间的相互作用，又加剧了我国技术技能人才供求的矛盾，成为影响社会稳定的重要因素。此外，在我国社会主义市场经济体制的大环境下，现代学徒制的实施还面临着企业性质、规模、劳动力市场等具有中国特色的因素，这些因素同样深刻影响着现代学徒制的运行机制与效果发挥，所以政府在实施现代学徒制的过程中需要积极考虑我国经济体制、职业教育人才培养、人力资源市场供求情况、制度建构的社会环境等多重要素，立足我国国情，围绕现实情况发挥现代学徒制的社会价值。

4. 学校视角下的现代学徒制价值研究

学校作为现代学徒制运行的关键主体，体现了现代学徒制与传统学徒制的主要区别。学校视角下的现代学徒制价值主要表现在现代学徒制对于学校在吸纳优质生源、提升人才培养质量、提升办学竞争力等方面的价值以及职业院校为了实现这些价值采取的行动。

成洁（2014）结合学校实施现代学徒制的具体案例，阐释了学校在现代学徒制的运行过程中是如何扮演角色以及如何处理与企业间关系的。姚燕芬和潘建华（2014）认为现代学徒制能够解决学校培养的人才与商业组织之间对接困难、商业组织内的顶岗实习质量不高、学生积极性不高等问题，对我国校企合作的难题破解具有重要的借鉴意义。Lerman R. I.（2009）从投资的终身回报预测，通过现代学徒制的实施，学校方面获得的短期收益、长期收益以及社会效益都有明显增长，两年制教育的社区学院回报率是其投入的两倍多。熊苹（2004）在研究了澳大利亚和英国两国现代学徒制的运行机制后发现，尽管澳大利亚和英国两国政府都对现代学徒制的培训提供了经济资助，但这项经济资助的获得是有条件的。如政府按照市场化运营机制，对提供学徒培训相关的培训机构进行商业化拨款，如果到了后期某培训机构的培训质量出现了下降，政府将减少或收回经济资助。这种措施有效地促进了培训机构之间优胜劣汰的市场化竞争，使各机构努力以高质量的培训去赢得来自政府的经济资助与拨款。

有些学者对基于学校的现代学徒制能否在我国很好地落地实施进行了讨论。周宏伟（2017）从教育属性、功能定位、实施主体、实施环境等角度解读了现代学徒制的本质，得出现代学徒制难以在我国这样将学校职业教育作为主体的国家实行的结论。李政（2018）则认为，职业教育体系是我国实行现代学徒制的天然优势。职业学校作为各类优质资源的汇聚点要采取措施发挥学校自身的资源优势，应鼓励和督促学校突破传统行为模式，只有这样才能化危机为转机。

可以看出，现代学徒制能够在提升人才培养质量、加强校企合作、增强职业教育吸引力等方面发挥显著作用。同时，现代学徒制可用于包含职业院校在内的学校教师的培训过程中，有助于提升师资队伍的质量，尤其是职业院校的双师型教师队伍建设质量。此外，现代学徒制中，学校的加入使人才培养的附加值显著提高，学校在这种人才培养模式中扮演了不可或缺的角色。大部分研究认为，在我国现有的职业教育发展环境下，学校应承担起主要的角色，在提升人才培养质量和促进深层次校企合作方面发挥主导作用。

5. 技能视角下的现代学徒制价值研究

技能视角下的现代学徒制价值研究，强调现代学徒制作为一种人才培养模式，如何促进技能教学和代际传承。现代学徒制正是继承了传统学徒制基于稳固师徒关系的技能传承机制的精髓，为学徒提供吸取经验的环境以及引路人，帮助学徒快速适应多变的工作情境，学习师傅的显性和隐性工作知识。

韩天学（2016）认为，现代学徒制中存在大量的隐性知识，能且只能在商业组织的生产服务过程中以师傅带徒弟的方式进行传授。因此，商业组织的师傅在职业教育的过程中承担起了隐性知识、技能和经验的传授者、企业文化传承者和职业素养示范者的重要角色。李政和徐国庆（2016）借助日本学者提出的 SECI 模型①，研究了现代学徒制人才培养模式中技能传承与学习的内在转移和转化机制。学徒在实践中以学习知识和掌握技能为动机，以真实参与的方式获取知识与技能。顶岗实习各阶段都需要师傅与学徒双方的密

---

① 野中郁次郎提出，知识转化有四种基本模式：潜移默化（Socialization）、外部明示（Externalization）、汇总组合（Combination）、内部升华（Internalization）。

切配合，知识技能要经历从显性知识到隐性知识再到显性知识最后到隐性知识的潜移默化、外部明示、汇总组合、内部升华四个阶段，才能较好地实现转移和转化。德国不来梅大学教授 Author F. R.（2011）提出了“专家知识”的概念用以解释工作过程中系统全盘解决问题的能力，在科学理论知识占据了后工业社会知识体系制高点的背景之下，专家知识在工作世界中的独特价值也不应被忽视，此时更需要系统全盘解决问题的范式。专家知识正是传统学徒制的精髓，需要通过师徒制的方式进行学习。王星（2010）基于近代以来我国工厂师徒制的变迁历程，阐明了建立现代学徒制背后的社会动因。在工业化转型时期，行会师徒制呈现出一种畸形的制度形态，逐渐异化成资本家对廉价劳动力的追逐和对学徒进行控制的一种工具；接着在现代化改造的进程中，行会师徒制逐渐被社会化的劳动教育方式所取代，师徒制技能培训的发展逐渐趋于制度化、规范化和福利化；进入社会主义初期，劳动力去商品化，工人的身份国家化，师傅与学徒之间所形成的雇佣关系被公私关系取代了；改革开放后，师徒技能传授逐渐衰弱退化成了非技术工种的简单训练机制。

在某种程度上，技能视角下的职业教育现代学徒制价值是岗位人才培养中最重要的合法来源。现代学徒制注重专家知识和工作过程知识的获取，强调不同情境下技能和学习的转移与转化，为校企合作沟通提供了制度保障，也为多元化环境下技能人才的成长提供了机制保障。

6. 文化视角下的现代学徒制价值研究

文化视角下现代学徒制的价值审视，强调现代学徒制实施的文化背景以及不同文化背景下现代学徒制的社会功能。也就是说，现代学徒制不单是教育问题，很大程度上也会受到文化要素的影响和制约，并产生能够影响文化的力量。从人类社会发展的历程来看，现代学徒制继承了工场手工业时期的传统学徒制文化精髓，在那些现代学徒制发展比较好的国家如英国和德国，都有悠久的传统学徒制发展历史，且各国的现代学徒制也受到本国师徒传承文化的影响。工匠精神也随着现代学徒制的实施进入了专家和学者的视野。

英国能在现代学徒制的实行上坚持下来并取得一定的成果，部分原因在于英国具有行业协会的传统，沿袭了以资格认证的方式使学生获取进入工作岗位的能力的做法；相反，美国则缺乏行业协会的传统和这种职业资格认证，导致了现代学徒制在美国缺少发展壮大的土壤，难以推进。现代学徒制需要特定文化的栽培和滋养，反过来也促进文化的巩固与传承。肖先举、唐学红和王德堂（2016）分析了现代学徒制对于雇员发展所带来的商业组织文化及其与学校文化的相互交融的价值。杨红荃和苏维（2016）认为，工匠精神和现代学徒制存在着密切联系，当代工匠精神的养成和塑造必须扎根于现代学徒制的土壤，现代学徒制为当代工匠精神的养成提供了体制基础，要通过现代学徒制中规范的制度、校企文化有效的融合以及“双师型”教师的影响来塑造工匠精神，培育具有工匠精神的人才，从而促进中国经济转型。赵志群和陈俊兰（2013）研究了学徒制在中国发展的不同阶段的历史、文化和政治背景，一方面阐释了不同历史阶段特定的政治、经济、文化与社会氛围是如何影响学徒制的内涵及其在当时的表现形式的，另一方面分析了学徒制给当时社会的师徒文化以及工匠精神等带来的积极影响。

文化视角为我们在学徒制的研究中提供了一个更广阔的视角，即尽管现代学徒制作为一种技能形成机制在很多国家推行，但由于国情不同，尤其在师徒传承的文化和历史方面的不同，即使同样的做法在不同的国家也会呈现不同的效果。

我国在原始社会时期就出现了师徒传承的萌芽，经过封建的家长制、资本主义的雇佣制度以及国营企业制度等社会制度与文化的洗礼，我国的师徒制及其影响下的师徒关系已被深深打上了中国文化的烙印。作为研究人员，我们的任务便是探索这一文化印记的特点及其对我国现代学徒制未来发展的影响，现代学徒制如何在新时代的中国走得更高更远。

2.1.3 我国现代学徒制的特征

1. 工学交替、理实一体

学生一方面在学校进行理论知识的学习，另一方面在企业进行技能的实训，这是现代学徒制的基本特征之一。学生不仅要在学校获得与专业相关的理论知识，还要去企业进行实践的训练，掌握实践技能，从而将理论与实践很好地结合。以前的做法是先让学生在学校学习，等到最后一学期再到相关的企业实习；而现代学徒制则打破了这种做法，在一周的时间里学生要用一部分时间学习理论，用另一部分时间去企业参加实训，这种“做中学，学中做”的过程，很好地体现了现代学徒制工学结合的育人模式。

2. 多方主体参与全方位育人

现代学徒制的人才培养教育并非仅由学校或者仅由其他的一些企业部门来完成，而是由院校、行业企业以及政府等多方主体一起进行培养教育，这些部门之间相互协调，承担着不同的责任，起到不同的作用。学校和企业在这个过程中起到主体作用，而政府则起到政策指引的作用。学校及相关培训机构为学生提供一些理论学习和知识素养层面的教育教学，企业则为学生提供实习的场所，显示出现代学徒制人才培养主体在不同层面的育人功能。

3. 职业认证等多元考核评价体系

现代学徒制的考核评价方式与其育人方式一样，也不是单一的，而是多元的，由企业、学校以及其他行业组织等共同对其育人质量进行考核评价。现代学徒制的考核评价体系和国家相关的职业资格证书制度体系是可以对接的，学生不仅要完成企业和学校等育人主体单位组织的考核评价，还要参与劳动部门主办的与专业相关的职业认证考试以获得相应职业等级认证证书，才能成为一个被学校、企业、行业、社会承认的高技能人才。

4. 培训的真实情景性

现代学徒制的学徒培训是一个“做中学，学中做”的训练过程，对于学徒来说，不仅要在学校里学习，最重要的是要在企业提供的真实环境中去工作和实践。加入现代学徒制的以企业为代表的商业组织为学徒提供了真实的实训场景，所有的机器、设备和厂房等都是真实的，在那里学徒就是商业组织的雇员，学徒可以与为他们安排任务的师傅共同工作，在实践中和师傅们进行交流和学习，真正地融入企业，快速成长。

5. 培训对象的双重身份

在现代学徒制人才培养模式中，培训的对象身份也不是单一的，他们一方面是在学校里学习的学生，另一方面是在企业里进行实践工作的学徒，也可以认为其是企业的雇员。即参加现代学徒制人才培养的群体既具有学校的学生身份，又具有企业的雇员身份。学校的学生身份既可以是全日制的，也可以是在职的；而企业的雇员身份，既可以是企业的正式雇员，也可以是准雇员，他们都是一边在学校学习达到标准后获得毕业证书，一边可以通过实训去获得一些职业技能证书等。

6. 培训内容的全面性

现代学徒制的培训内容可以说是多层次的，比较全面。学生在学校里不但要学习专业理论知识，也要通过学习一些公共文化课的知识来提升文化素养；在企业里不但要接受真实情境下的岗位实践训练，也要养成责任心强、勤奋认真、吃苦耐劳的好品质，提升能适应未来社会发展的相关职业能力：具有爱岗敬业的正确价值观，良好的职业操守、职业道德以及社会沟通交往技能，较强的适应环境的能力以及分析解决问题的能力，这对他们以后的工作和生活将会产生长远的影响。

2.2 现代学徒制的利益相关者理论

2.2.1 利益相关者的基本理论

“利益相关者”第一次出现在大众视野是在20世纪20年代，一位美国通用电气公司的高级雇员在报告中提出，他认为“公司应该为利益相关者服务”。20世纪60年代，斯坦福研究院首次提出了完整的利益相关者概念。其后“利益相关者”这一概念被引入经济学和管理学，其基本理论是，企业目标在理想条件下的实现需要综合平衡地考虑各利益相关者的索取权，而这些索取权在某种程度上是相互对立和矛盾的。随后，利益相关者的管理理论被正式提出，该理论认为，商业组织的经营管理者为综合平衡组织各利益相关者的利益要求需要进行管理活动，任何以企业为代表的商业组织的发展都离不开利益相关者的参与投入，组织应当追求整体利益相关者的利益最大化，如果追求个别主体的利益最大化会有失偏颇。

利益相关者概念首次被运用到教育学领域源于《美国校园文化》一书，书中将大学的利益相关者按照利益相关的轻重程度分为四个层级，第一层是最重要的利益相关者，包括学生、教师和学校行政人员这些直接参与大学日常事务的主体；第二层是重要的利益相关者，包括校友、董事等为大学提供经费支持和社会资源辅助的主体；第三层是一般的利益相关者，包括政府和议会等主体；第四层是次要利益相关者，包括媒体和群众等主体。

Mitchell R. K.，Agle B. R. 和 Wood D. J. 在对众多学者做出的利益相关者概念进行归纳后，凝练出了合法性、权力性和迫切性三个属性，再将这三个属性作为判别利益相关者的分类标准建立了利益相关者分类模型，也叫“米歇尔评分法”，模型中将利益相关者分为三个层次。三个层次指潜在型、期待型和明确型的利益相关者，这三个层次又包含不同类型的利益相关者。其中，潜在型利益相关者包括隐藏型利益相关者、自由型利益相关者以及要求型利益相关者三种。隐藏型利益相关者最明显的特性是权力性，可以用权力向企业施压，前提是要与企业建立合法关系且需求迫切，否则这种权力就起不了作用。自由型利益相关者，其特性是合法性，但自由型利益相关者没有权力去影响企业，对企业也无迫切需求，因此，管理者与他们沟通互动的时候完全不需要承受压力。要求型利益相关者，他们一方面对企业有迫切的需求，另一方面和企业之间又不具备带有权力属性的合法关系。由于要求型利益相关者不能或不愿去获得对某企业的合法性与权力性属性而使自己的要求受到重视或得到满足，对企业来说，他们是令人讨厌的麻烦制造者。期待型利益相关者分为从属型利益相关者、支配型利益相关者以及危险型利益相关者。从属型利益相关者具有合法性，缺少对企业的权力性，因此必须依赖管理者来实现他们的利益要求。支配型利益相关者具有权力性和合法性，因此他们有能力去实现对企业提出的诉求。危险型利益相关者和企业无合法关系，但是具有权力性和迫切性，往往通过权力向企业施压满足自己的利益诉求，对企业来说形成了一种暴力的威胁。明确型利益相关者，具有权力性、合法性和迫切性三个属性，通常位居企业的决策层，他们的利益诉求会得到企业管理者的优先关注。

国内学者胡赤弟在2005年发表的文章《高等教育中的利益相关者分析》将利益相关者理论应用到了教育学领域，他将利益相关者分为有权威的利益相关者、潜在的利益相关者以及第三层次的利益相关者。

2.2.2 现代学徒制的利益相关者

现代学徒制依托“政府主导、行业指导、企业参与、多元协同”的办学运行机制，由政府、行业协会、企业、院校等多元利益主体参与，不同利益主体有不同的利益诉求。

1. 政府

在国外的传统学徒制中，政府通常处于旁观者角色，对学徒制的发展很少直接干预，直到近代以来，行会学徒制逐渐走向衰败，政府为了维持社会稳定发展，避免学徒制对学徒的严重压榨，开始通过法律法规对学徒制进行规范，保障学徒的合法权益，明确参与主体在学徒培养中的权利、责任和义务。

德国政府在通过法律法规来规范学徒制的运行方面一直较为积极主动，政府的积极干预成就了德国的“双元制”，使其成为职业教育现代学徒制的典范。1969年德国颁布的《职业教育法》中明确了“双元制”这一称谓，还规定了以企业为代表的商业组织、学校以及行业协会在“双元制”中的地位、作用、权利、责任和义务，从根本上保障了“双元制”的顺利实施。英国政府通过直接将现代学徒制与国家职业资格对接，将现代学徒制纳入国家教育体系，现代学徒制不再是独立于正规教育系统的外部体系，这样不仅可以同普通教育体系实现横向融通，还为现代学徒制开启了与高等教育的接口，如英国的“基础学位”、法国的“第一学位”等。从以上各国政府的举措来看，在现代学徒制中，政府不再扮演旁观者的角色，而是积极参与现代学徒制的构建，并将其纳入整个国家的正规教育体系，一方面是由于技能人才培养是国家人才发展战略的重要组成部分，另一方面是由于现代学徒制对促进青少年就业、降低失业率、维持社会稳定发展具有重要意义。

基于以上分析，我们发现，在职业院校现代学徒制的构建中，政府的地位十分重要。在当前我国经济发展方式迅速转变，产业结构调整步伐日益加快的背景下，实施现代学徒制、大力发展职业教育有利于提高职业院校办学水平，培养更多的高素质技术技能人才，不仅对促进大学生就业、改善民生具有重要意义，对于促进整个区域经济发展方式的转变同样具有重要的战略意义。因此，现代学徒制中政府的利益诉求主要是希望学校和企业能够培养出高素质的技术技能人才，满足经济社会的发展需求，不仅能有效缓解当前大学生的就业难问题，更能有效促进当前经济社会发展水平的提高。

2. 行业

行业协会在现代学徒制的发展中也处于重要地位，其对学徒制的管理与控制主要包括以下几个方面：①制定一般性的管理规范，如师徒间的契约、学徒的最低年限以及确保师傅的资质等；②教学指导与监督；③学徒的考核。至今，行业协会在现代学徒制的运行和发展中的地位和作用也很难替代，如在德国的“双元制”中，行业协会的主要作用有：发布开展职业培训相关的规范；审查培训师与培训场所的资质；任命培训顾问，对培训的实施进行监督；注册和解除商业组织与学徒间的培训协议；向学徒和培训师提供咨询建议；对学徒培训效果进行评价等。可见，行业协会无论是在传统学徒制还是在现代学徒制的发展中，都起到了不可替代的作用。

然而，企业作为一个以营利为目的的商业组织，为什么会将有限的资源投入人才培养之中？什么是企业积极参与现代学徒制的利益诉求？在我国的制度环境下，利益诉求能否得到有效的满足是现代学徒制能否顺利运行的一个关键因素。因此，识别并分析参与现代学徒制的企业的利益诉求是探讨现代学徒制运行机制的必要前提。企业作为具有经济属性的组织，一切活动都离不开实现经济利益最大化，企业参与现代学徒制一定是因其所投入的资源能够得到其他方面的补偿。企业的主要职能是提高自身的生产经营能力、创造财富、服务社区与社会，人才是企业发展的核心，而生产一线的技术技能人才主要由职业院校来培养，职业院校又因缺乏企业先进的设施和设备，其人才培养的质量往往不能达到企业的用人标准。这样企业还要花大量的时间、精力培养所需人才，去劳动力市场寻找适合企业需要的人才同样要花大量的时间和精力。但是通过参与现代学徒制，企业可以通过与职业院校合作，优先挑选所需人才，且由于企业参与了人才培养过程，便可以保证培养的人才的质量规格符合企业的需求，留住优秀的学徒，从根本上保障了较高质量的技术技能人才的持续供给。80%以上的企业和学校都认为，企业参与现代学徒制最主要的利益诉求就是能够获得未来的人力资源战略储备，这是企业参与现代学徒制最为根本的原因。

在现代学徒制中，企业师傅的利益诉求经常被人们忽视，普遍认为企业师傅作为雇员理应服从企业安排，只要企业具有参与现代学徒制的积极主动的意愿，企业师傅的积极性就自然而然被调动起来，企业师傅的利益诉求就不需要被专门考虑。事实上，虽然企业师傅是企业的雇员，按照双方签署的劳动协议应听从企业的合理安排，履行企业培训学徒的职责，但学徒（学生）作为企业未来的雇员，和企业师傅之间是存在潜在竞争关系的，此种关系之下如何保障企业师傅的劳动安全，即防止“教会徒弟，饿死师傅”的现象发生成为现代学徒制在具体实施过程中有效运行的关键。有学者通过对某国有企业的调查发现，由于外部制度环境的变迁，学徒制已经很难再在国有企业中重新实施，其中的最大障碍就是企业师傅由于顾忌自身的“劳动安全”，并不愿意积极培养学徒。王星在《技能形成的社会建构——中国工厂师徒制变迁历程的社会学分析》中指出，市场化的劳动组织方式孕育了员工之间的等级竞争，从而引发了员工对自身劳动安全的忧虑，因此在缺少非市场性劳动安全保护制度的情况下，师傅对徒弟传授技能的动机明显不足。因此，企业师傅利益诉求的有效满足同样是实现构建职业院校现代学徒制运行机制的重要前提，在开展现代学徒制的实践探索过程中，企业师傅担当的角色和其利益诉求必须得到重点考虑。

3. 企业

各国职业教育办学的实践已经证明，离开了企业，单凭学校是无法培养出满足社会需求的高素质技能人才的，这也被瑞士和德国等国家卓有成效的职业教育“双元制”体系反复印证了。在西方国家现代学徒制的运行过程中，企业的主体地位非常突出，以德国“双元制”为例，企业的主体地位主要体现在以下三点：一是企业具有教育的管理权和决策权，包括参与制订教学大纲，通过考试委员会等相关机构参与毕业生的质量鉴定和资格审核等；二是企业具有招生资格，获得“教育企业”资质的企业每年都会制订当年的招生计划，同时制定企业的技能要求和用人标准等，在此基础上提供培训的场所，通过自设的聘任程序选录学徒并签订合同，最后将录取的结果报给政府就可以实现新生注册入学；三是企业具有一定的教育教学权力，职业学校主要进行专业理论知识和普通文化的教学，而企业主要负责学生实践能力的培养。从德国企业参与现代学徒制的作用可以清楚看到企业在参与现代学徒制过程中的重要地位，企业的积极参与是实现现代学徒制最为重要的一环。

4. 院校

院校作为企业潜在的重要利益相关者，在现代学徒制构建的过程中也具有十分重要的作用。传统学徒制运行中，科学还未大举进入工业生产领域，职业院校也并未参与其中，但随着手工业生产的凋零，机器大工业以现代科学为基础迅速发展，导致传统学徒制难以满足企业的需求，因此，在英国和德国等国家出现了培养现代工业生产所需的技术技能人才的职业学校，而德国更是将传统学徒制同现代学徒制相结合，但凡企业招收了学徒，都要将学徒送到职业院校去学习技术理论知识和普通文化知识，这成为发展双元制的雏形。作为技术技能人才供给主体的职业院校，对企业的发展具有十分重要的作用，因为对企业来说，随着知识经济的兴起，物质资本的重要性在逐渐降低，人才资本因占有知识日益成为稀缺资源，不可替代的高度专业化的人力资本在企业价值创造过程中居于主导地位。而作为人力资本一个重要类型的技术技能人力资本，在企业的发展过程中的地位和作用十分重要，是企业创新发展环节中不可缺少的重要一环。有效介入职业院校的人才培养过程，同职业院校形成密切的合作关系成为企业发展的重要战略。因此，没有职业院校的积极参与，构建现代学徒制必将难以有效实现。

在现代学徒制构建中，职业院校的利益诉求能否实现也是现代学徒制能否有效运行的关键因素。职业院校积极参与现代学徒制，主要因为培养技术技能人才不能仅靠教育部门，无论在设备设施的硬件资源投入上，还是在“双师型”教师这种软件资源投入上，职业院校都无法满足高素质技术技能人才培养的需求。调查显示，职业院校在现代学徒制中最主要的利益诉求是提高人才培养质量进而提升学校声望，其次是提高学校与企业、行业的紧密联系。职业院校通过现代学徒制实现自身的利益诉求以及与企业在人才培养上的密切合作，即利用企业和行业资源解决职业院校实践教学场所与教学资源的不足，完成对学生技术实践能力的培养，并利用企业和行业的岗位人才质量标准和劳动力市场信息资源，调整学校的人才培养目标、培养规格和专业设置，最终提升职业院校的人才培养质量和办学声誉。因此，对于企业和职业院校而言，二者的利益诉求是契合的，企业需提前进行人力资源储备，而职业院校则需借助企业资源提升人才培养质量，因此，构建现代学徒制运行机制的目的就是保证企业和学校的利益诉求实现紧密契合，并通过制度措施来保障双方的利益诉求，进而保证现代学徒制的顺利运行。

结合各利益相关者的利益诉求和风险承担的情况，在现代学徒制实践中，要注重保障学生和企业的利益，重视企业、行业和政府的投入。利益相关者理论为研究现代学徒制，分析其中各主体的权、责、利和政府引导各方对现代学徒制的积极参与，促进多方相互合作，保证多方相互制衡并最终形成均衡的利益机制提供了理论依据。

2.3 现代学徒制利益相关者的成本收益理论

2.3.1 成本收益的基本理论

成本收益分析是一种将项目所投入的成本和获得的收益以货币价值的形式进行量化和衡量，然后对项目所投入的成本和获得的收益进行比较，从而为决策者提供决策信息，使其能够选择最理想方案的一种经济评价方法，现在该评价方法越来越成为大众熟知的分析社会投资意愿的重要工具。成本收益分析的前提是追求效用的最大化，是一种量入为出的经济理念，通过成本收益分析，人们希望从最少的投入中获得最大的收益。一般而言，成本收益分析要求用量化货币的方式进行衡量，因此，在许多经济领域的成本收益核算中，实际上只核算了那些可货币化的经济收益，而未将非货币化的收益纳入核算范围，大大低估了收益，从而出现了决策偏颇的现象。

1. 教育成本及其分类

“成本”是经济学范畴的专业名词，指的是从事某项投资或生产某产品所消耗、需要的全部实有资源和费用的总和。教育成本是从经济学中移植过来的，现代学徒制中提到的教育成本是指在现代学徒制人才培养中直接投入的所有费用总和。

王善迈（1988）认为，教育成本就是培养每个学生所消耗的全部费用，即单位产出的消耗。教育成本既可以指学生在整个受教育过程中付出的成本，比如对一个从大学毕业即将踏入社会工作的学生来说，就是他从进入小学到大学毕业全部花费的成本，也可以指某个教育阶段的成本，比如分别计算小学阶段（从小学入学到小学毕业）、中学阶段（从中学入学到中学毕业）和大学阶段（从大学入学到大学毕业）的成本；既可以计算整个国家的教育成本，也可以分地区、级别或类别对教育成本进行计算；既可以计算一所学校的教育成本，也可以计算一个专业的教育成本。范先佐和周文良（1998）认为教育成本指人才培养过程中为培养学生所耗费的物化的劳动和活劳动等社会劳动，用货币来衡量就是由社会相关主体和受教育者本人为此付出的全部直接成本和间接成本。王培根（2004）认为教育成本的本质是向受教育者提供教育服务而耗费的教育资源的成本，包含两方面，一方面是可以实际货币衡量的教育资源成本耗费，另一方面是投入教育中的资源带来的机会成本损失。

（1）教育的社会成本和个人成本

教育的社会成本，也被称为教育公共成本，指国家和社会为培养一名学生从入学到毕业所支付的全部成本，其中包含教育的社会直接成本和教育的社会间接成本。教育的社会直接成本主要指来自国家各级政府、企事业单位、慈善机构、宗教团体以及其他社会个人或团体为教育和人才培养投入的全部成本。教育的社会间接成本主要指教育的机会成本，包含三个方面：①假如学生满足了劳动法的就业年龄，选择了继续读书接受教育而放弃了可能的工作机会给国家带来的税收损失；②为教育用途而投入使用的固定资产，如土地、建筑物、资本以及其他产品设备改投其他用途能够得到的租金、收入与利息回报；③教育用途的土地、建筑物以及其他产品设备所得到的税收优惠甚至免征。教育的个人成本，也被称为教育的私人成本，指每名学生在接受教育培养期间，本人及其家庭与亲友为此支付的全部成本，其中又包括个人的直接成本和个人的间接成本。

（2）教育的直接成本和间接成本

教育的直接成本指的是直接以货币形式支付和物资投入的所有成本的总和，包括国家面向教育的拨款，从事教育的学校、商业组织以及产业面向教育投入的成本，整个社会对教育的资助以及捐赠成本，以及受教育者个人接受教育所投入的成本等。教育的间接成本是指除上述教育的直接成本之外的所有成本的总和，包括受教育者个人接受教育所发生的机会成本，国家对从事教育的商业组织和行业的税收政策减免，银行对发放教育贷款的利息优惠，用于教育用途的建筑物、土地的租金损失以及固定资产花费等多项成本。

虽然直接成本中的一些项目不能在教育预算账目中获取准确的资料，如受教育者的衣食住行费用，但从其构成来看，估算要相对容易些。而间接成本的估算则要困难得多，在间接成本中除银行的利息优惠和国家的税收减免外，还有机会成本，如个人的机会成本、土地与建筑物的潜在租金和固定资产花费等。虽然教育机会成本的估算很困难，但也不能采取忽略不计的简单处理态度，这主要是因为教育机会成本在总成本中所占比例很大，尤其在教育的个人成本中。估算教育机会成本的困难主要来自不同教育资源具有多种其他用途，每种教育资源投入其他任一用途都会带来不同的收益，因此选定不同的用途就有不同的机会成本，机会成本的大小会受到时间等多种不确定因素的影响，因此，从资源的多用途价值角度来衡量机会成本不能让人信服。关于如何解决这一问题，国外学者舒尔茨给出了答案，也是到目前为止应用最广泛的方法，即大学生接受教育的机会成本可以按照同一年龄段的高中毕业生在某时间段内参加社会工作的人均收入进行衡量。

（3）教育的总成本、平均成本和边际成本

教育的总成本是指在一定时期内，教育部门为培养人才而提供教育服务所耗费的教育资源的总成本。教育的平均成本是指在一定时期内，每个接受教育的学生所花费的平均成本，教育的平均成本等于教育的总成本除以接受教育的学生数量。一所学校从事教育的总成本通常随着该校在校学生数量的增长与规模的扩大而增长，但教育的平均成本可能变化不大。教育的边际成本是由受教育学生的增量所导致的教育的总成本增量，也被称为增量成本，边际成本通过受教育学生数量每增加一人所导致的总成本的增量进行测算。

以上介绍了三种最常见的教育成本分类，还有一些学者将教育成本分为资本成本和经常性成本、社会平均成本和个别成本、固定成本和变动成本、物质成本和人员成本、部门成本和单项成本、货币成本和非货币成本等。一般来说，不同的研究领域采用不同的教育成本分类，在关于教育的成本收益分析研究中，通常将教育成本分为教育的个人成本和教育的社会成本、教育的直接成本和教育的间接成本；在研究如何提高教育资源利用效率方面，则常常采用教育的总成本、平均成本和边际成本，以及资本成本和经常性成本的分类。

2. 教育的收益及其分类

收益的概念最早出现在经济学领域。200 多年前英国经济学家亚当·斯密在其著作《国富论》中，将收益看成财富的累积。后来的英国经济学家约翰·理查德·希克斯在《价值和资本》中，将收益发展成一般的经济收益概念，即在期末、期初保持同等富裕程度的前提下，一个人可以在该时期消费的最大金额。现代学徒制中的收益是开展现代学徒制人才培养所获得利益的总计。教育投资是生产性投资，生产性投资必然带来收益。如果此项投资事业的收益大于成本，说明投资是有利可图的，否则人们就会选择将有限的资源投资到其他更有价值的事业中去，归根结底，探讨教育的收益问题最主要的目的就是研究投资此项教育事业是否具有必要性和价值。

靳希斌（2001）指出教育投资的经济效益，着重研究教育给社会带来的直接经济作用，这种由教育创造的经济财富也被认作教育的外部经济价值。教育投资的经济效益可以从两个层面来衡量，一是宏观层面，即从国家角度来看，整体的教育投入与国民收入产出之间的衡量与比较，二是微观层面，即从受教育者个人角度来看，受教育者个人的教育投入与受教育者个人的收入之间的衡量与比较，这种教育投资经济效益多用于观察此项教育投入是否合理。王玉昆（1991）认为，教育的经济效益指兴办教育虽要付出大量的成本，接受教育培训却可以增加和提高劳动者的知识、技能和素质，从而给国家和个人带来长远的收益和回报。教育效益指的是受教育程度不同的个体在往后的生命周期里所增加的收入减去接受此项教育支出的成本得到的差额再除以之后的年限得到的年平均报酬。研究教育投资所能获得效益的课题对于社会和个人都是非常有意义的，从社会方面来看，教育效益研究的结果可以反映出政府投资于各级教育所获得的产出效益，而且可以发现哪些专业的技术技能人才可以为社会带来更多的经济收益，作为未来制订人才培养计划的一项参考依据。从个人方面来看，接受教育不仅可以获得谋生的知识和技能，带来经济上的回报，而且在不同的阶段接受不同级别和类别的教育，从整个生命周期来看，有更大的差异和影响。从经济学角度分析，可以将教育看成从资源投入、利用到教育产品产出的整个过程，这个过程与其他产品的生产过程一样，都有一个投入与产出的问题。因此，就教育运行的主体单位而言，教育经济效益就是教育运行过程中各种教育要素的投入与这些投入所带来的符合社会需要的教育产品价值之间的比较；就政府而言，教育经济效益指社会的教育劳动耗费同符合社会需要的教育总产品价值之间的比较。

（1）教育的社会收益和个人收益

教育的社会收益和个人收益是教育收益最常见的分类。有学者这样定义教育的社会收益和个人收益，即教育的社会收益是国家投资教育所带来的一定时期内 GDP（国内生产总值）增长中可归因于国家教育投资的那部分，教育的个人收益是由个人投资教育所引起的个人收入增长中归因于个人教育投资的那部分。笔者认为这种定义略欠妥当，原因是无论 GDP 增长还是个人收入增长，其中国家投资收益与个人投资收益的界限并不明显。因此，笔者比较认同范先佐（2008）对于教育收益的定义：凡教育产生的收益由社会多数人享有的，属社会收益；由私人享有的，属私人收益。

高希均（1977）也将教育效益分为私人收益和社会收益两大类。私人收益共四种：第一种是在假定其他因素相似的前提下，受教育程度高的人在整个生命周期里的收入所得高于受教育程度低的人，这是由于接受了更多的教育而产生的个人直接经济收益。第二种是"选择更多的经济利益"，即受教育程度高的人在职业发展上有更多的选择，比如在大学里，晋升教授的必要条件就是拥有博士学位；在每年的毕业季，全国各大中城市都会开启"抢人大战"，拥有博士和硕士学位的毕业生可以享受到当地政府给予的各项优惠政策。第三种是受教育程度高的人在经济上拥有更强的安全感，他们的知识基础比较扎实，学习能力比较强，容易接受新鲜事物，对于新的岗位知识技能也比较容易掌握。第四种是"非货币的经济利益"，即现代社会，人们的衣食住行都依托先进的互联网技术与大数据媒介，一些专业服务领域更是如此，比如受教育程度高的人在医药、法律及所得税的填报等方面的知识较丰富，可以降低出错的概率，在"大众创业，万众创新"的背景下也更容易抓住机会。教育的社会收益共三种：第一种，教育程度高的人一般收入也比较高，因而缴纳更多的税收，有利于社会收入再分配，缩小贫富差距，这是他们对社会的物质贡献；第二种，科学家、工程师、民间及企业界领袖通常都是受过高等教育的人，他们的贡献是促进了学科领域研究的进步，用创新的研究成果给社会带来便利，造福人类，这些贡献是难以用数字估量的；第三种，受教育程度高的人群失业率与犯罪率较低，参加慈善和公益活动的比率高，他们的言辞往往更有说服力，和他们沟通交流会让周围的人变得开明和向上，使整个社会气氛变得更融洽。

（2）教育的直接收益和间接收益

教育的直接收益包括个人的直接收益和社会的直接收益。通常我们对某项投资的收益进行衡量的时候，习惯于将该项收益货币化，这也适用于教育的直接收益衡量。教育的直接收益中还有一部分很难用货币价值来衡量，但是我们可以对这部分收益做出定性的说明和解释，供研究者和决策者使用。个人的直接收益包括受教育者个人薪金、消费能力、就业选择能力、学习能力以及在知识技能和素养方面的综合能力等的提高。社会的直接收益包括全社会受教育人口在劳动素质、文化素质、身体素质以及社会主流价值观等方面的提高。

英国教育经济学家布劳格将教育的间接收益归纳为九类：第一类，受教育当下产生的额外所得或利润；第二类，这种额外所得或利润在未来长期存在；第三类，在接受教育的过程中发觉了个人的潜在能力并着重培养；第四类，满足社会经济发展中对学习型劳动力的弹性需求；第五类，促进学科领域的进步、科学技术的发展；第六类，提高人们的法制意识，降低对维护社会秩序的社会服务的需求；第七类，提升国家治理能力，巩固政治的稳定；第八类，继承国家共同的文化传统；第九类，人们养成良好的业余休闲娱乐习惯。除此之外，教育的间接收益还包括教育通过促进科学技术的发展和劳动力素质的提高，给整体社会带来的未来经济增长、科技创新以及可持续发展等其他利益；教育在解决摩擦性失业问题、结构性失业问题、自然失业问题以及优生优育的人口问题方面带来的收益。

美国学者魏斯博洛特（Weisbrod B. A.）将教育收益分为七种：第一种是直接的财务收益，认为受教育者的个人薪金收入既是教育成效的直接体现，也是西方教育经济学研究中最重视的一种收益。在市场经济条件下，虽然受教育者个人的收入所得也受到自身的动机、能力及其他不确定的社会经济变量影响，但大量的实践证明，教育在其中扮演了十分重要的角色。第二种是可选的财务收益，即随着受教育程度的提高，受教育者的上进心也随之提高，反过来促进受教育者选择进一步深造，带来更多的财务收益回报。第三种是适应能力收益，受教育者通常具有较强的学习能力，因此可以更容易适应专业领域内的技术升级变迁导致的职业岗位更迭以及工作环境的变化。第四种是非市场化的收益，即受教育者通过接受教育具备了较为全面的能力，在一些非市场环境下自愿付出劳动并不取得相应的市场报酬，比如课下辅导子女的功课等家庭内部分工，这些工作的价值如果按市场化计价，对家庭来说支出也很可观。第五种是家庭收益，指受教育者为家庭成员提供的专业建议给家庭带来的积极正面的影响，包括受教育者的原生家庭、自己组建的家庭、子女的家庭以及亲友和邻里的家庭。第六种是就业收益，指受教育者在与同事一起工作的过程中对他们的工作能力产生的积极影响，进一步促进了组织内部工作环境的和谐等。第七种是社会收益，指受教育者作为社会的优秀公民之一，为社会做出了自己应有的贡献，进而推动了经济增长和社会发展。按照魏斯博洛特的观点，上述七种教育收益中，前四种属于经济收益，后面三种属于社会收益。

2.3.2 成本收益的计算方法

20世纪60年代，随着教育的经济功能越来越受到重视，成本收益分析方法开始被用来对一项教育投资是否可行进行衡量和评价。一般来说，接受教育的学徒毕业进入工作单位以后才产生工资收益，而且工资收益将伴随他直到退休，因此我们认为收益相对于受教育的时期具有滞后性，在收益滞后的这段时间内，由于经济波动、通货膨胀等因素，货币价值可能发生贬值或者增值，我们在当下计算收益时不能简单地加总，而是要把货币的价值变化考虑进去。对于教育成本来说，虽然发生在接受教育期间，但也是按年度缴纳，非一次性缴纳的，也需要考虑货币折现的问题。由此，学者们在计量职业教育的成本和收益时均引入了货币时间价值后对其现值进行比较，最常见的形式主要有以下几种。

1. 职业教育成本收益的净现值

净现值（Net Present Value，NPV）是指投资的未来收益的现值和未来成本的现值之间的差额。按照这种方法，所有未来收益和未来成本都要按预定的贴现率折现为收益和成本的净现值，然后再计算差值即净现值。职业教育成本收益的净现值计算公式见式2.1：

$$NPV=\sum_{t=1}^{n}\frac{B_t}{(1+i)^t}-\sum_{t=1}^{m}\frac{C_t}{(1+i)^{m-t}} \tag{2.1}$$

式中，NPV为职业教育的收益净现值；n为毕业生毕业后工作的年限；B_t为某级教育在第t年的收益（B_t=第t年某级毕业生收入－第t年低一级毕业生收入）；i为贴现率；m为某级的教育学制年限；C_t为第t年的教育成本。值得注意的一点是，学徒为了接受职业教育而放弃的那部分收益（机会成本）

是可观的，所以我们把机会成本也计入在成本项C_t。贴现率i一般以银行发布的贷款利率作为依据。当得到NPV的值大于零时，表示这项教育投资的未来收益现值大于未来成本现值，则这项教育投资是值得的，NPV的值越大，这项教育投资的回报越丰厚；如果NPV等于零，说明这项教育投资的收益率与贴现率刚好相等，可以综合考虑其他的非货币收益做出决策；如果NPV小于零，表示这项教育投资的未来收益现值小于未来成本现值，则投资不划算，需要慎重考虑。

2. 职业教育成本收益的现值指数

现值指数（Present Index，PI）是指投资的未来收益的净现值和未来成本的净现值之间的比率，也叫现值比率、获利指数或贴现后收益－成本比率等，其计算公式见式2.2：

$$PI = \sum_{t=1}^{n} \frac{B_t}{(1+i)^t} \div \sum_{t=1}^{m} \frac{C_t}{(1+i)^{m-t}} \tag{2.2}$$

当计算出的PI的结果大于1时表示这项教育投资可行，PI的值越大，表示该项投资能获取的价值越大；如果小于1，则该投资项目不具备投资价值。

现值指数法和净现值法都是在预先确定了贴现率之后进行的成本和收益的净现值估算，现值指数是衡量职业教育投资效率的相对指标；而净现值是衡量职业教育投资收益的绝对指标。

教育收益率指标可以起到与现值指数同样的作用，它在数值上等于现值指数减去1。职业教育收益率指职业教育投资的收益净现值除以职业教育投资的成本净现值之后所得的数值，再乘以100%，其计算公式见式2.3：

$$\begin{aligned}\text{教育收益率} &= \frac{\text{教育收益净现值}}{\text{教育成本净现值}} \times 100\% \\ &= \frac{\text{贴现后的收益现值} - \text{贴现后的成本净现值}}{\text{贴现后的成本净现值}} \times 100\% \end{aligned} \tag{2.3}$$

当计算出的教育收益率结果大于零时，表示这项教育投资可行，值越大，表示该项投资能获取的价值越大；如果小于零，则该投资项目不具备投资价值。

3. 职业教育成本收益的内部回收率

内部回收率（Internal Rate of Return，IRR）是指能够使投资的未来收益净现值等于未来成本净现值的贴现率，即投资的净现值为零时的贴现率。职业教育内部回收率计算公式中的成本与收益均采用的是边际值，具有边际分析的特征，即受教育者在现状基础上每多接受一级新的教育所要付出的成本和多获得的收益。计算公式见式 2.4：

令 $NPV=0$，得出

$$\sum_{t=1}^{n}\frac{B_t}{(1+i)^t}=\sum_{t=1}^{m}\frac{C_t}{(1+i)^{m-t}} \tag{2.4}$$

其中的 i 即所要计算的内部回收率，当然 i 的值越大，教育的收益率越高，同时将得出的教育内部回收率与利息率相比较，如果内部回收率大于利息率，则进行此项教育投资是明智的。

内部回收率法来源于西方经济学中资本的实际利息率或称投资的边际效率理论。凯恩斯宏观经济模型中厂商是否进行投资取决于投资的边际效率，即厂商计划一项投资时预期可赚得的按复利方法计算的利润率，边际效率取决于投资的未来收益和购置投资资产的成本。不同的净投资量对应不同的投资边际效率，将每笔投资的边际效率与利息率比较，如果边际效率大于利息率，则投资可行，反之则不可行。林荣日（2001）认为，教育内部回收率是被我国学者广泛误解的一个概念，不少学者把它称为教育收益率，有的学者甚至认为它是用精确法计算得出的“教育收益率”，其实，这是不恰当的，似乎教育终身“收益率”太低。英文中“Return”一词，主要指“返回”之意，译成“回收”或“回报”不妥，但若译成“收益”，实有牵强附会之嫌。这极易使人产生误解，认为终身教育收益率只是区区百分之几到百分之十几，即使小商贩摆地摊，收益率也远大于这种终身“教育收益率”。这样一来，教育的作用将会被大大低估，使人们认为教育活动是极不划算的。事实上，教育收益率与回收率是根本不同的两种指标，教育收益率完全可以大于 100%，甚至更高，然而国内外学者所得到的“回收贴现率”大都在 20% 以下，“回收贴现率”超过 100% 同样是难以想象的。

除了以上三种成本收益分析方法以外，还有一种被广泛应用的计算教育边际收益的明瑟收益率法。明瑟收益率指受教育主体由于多接受一年教育给自身带来的收入增长百分比，正因如此，明瑟收益率只能计算受教育主体的个人收益率而不能计算整体的社会收益率。明瑟收益率法是 20 世纪中期由美国经济学家雅各布·明瑟（Jacob Mincer）做出的具有开创性的研究。明瑟将收益函数作为分析载体，将学徒接受教育和工作经验的年限作为自变量，揭示了两个自变量对学徒收入的影响程度。诺贝尔经济学奖获得者贝克尔对这一研究给出了高度的评价，他认为明瑟收入方程可能是微观经济学领域最为常用的根据经验得出的回归方程。此后，明瑟收益率法由于其易操作性而得到了广泛应用，后来的学者们在研究中也不断根据自己的需要对明瑟收入方程进行调整和改良，如引入中介和调节变量等。成本收益法由于要精确计算教育的直接成本，所以对成本数据的要求标准明显比明瑟收益率法高。成本收益法和明瑟收益率法都是研究者们在计量教育个人收益率时广泛采用的方法，它们有各自的优缺点，国内外的学者往往根据自身研究的需要而选取不同的研究方法。

3 现代学徒制中利益相关者参与合作教育现状研究

3.1 利益相关者参与合作教育的现代学徒制政策分析

2014年8月25日，教育部发布《教育部关于开展现代学徒制试点工作的意见》（以下简称“意见”），对开展现代学徒制试点工作提出意见。2015年1月5日，为切实做好现代学徒制试点工作，根据“意见”有关要求，教育部发布《现代学徒制试点工作实施方案》（以下简称“方案”），遴选一批有条件、基础好的地级市、行业、企业和职业院校开展现代学徒制试点工作；2019年5月14日，为深入贯彻全国教育大会精神，落实《国家职业教育改革实施方案》，教育部发布《教育部办公厅关于全面推进现代学徒制工作的通知》（以下简称“通知”），就“总结现代学徒制试点经验，全面推广现代学徒制”进行部署。

“意见”明确试点工作内涵，包括：积极推进招生与招工一体化，深化工学结合人才培养模式改革，加强专兼结合师资队伍建设，形成与现代学徒制相适应的教学管理与运行机制。围绕“意见”中的试点工作内涵，“方案”通过制定试点工作内容对试点工作提出具体要求，并新增了关于“探索校企协同育人机制”和“完善人才培养制度和标准”的要求；按照地级市、行业、企业及职业院校，明确各类申报试点单位的重点任务；从“方案”发布到2018年教育部先后批准了562个现代学徒制试点单位开展相关试点工作。各试点单位经过2~3年的建设，积累工作成果、问题和建议，“通知”要求各地明确全面推广现代学徒制的目标任务和工作举措，引导行业（也称行业系统、行业协会或行业组织）、企业和学校积极开展学徒培养，落实好重点任务。

3.1.1 利益相关者职责共担角度的工作原则

从利益相关者责任共担的角度，“意见”明确政府、行业、企业、职业院校作为现代学徒制中利益相关者的多主体作用。政府应充分发挥统筹协调作用，根据地方经济社会发展需求系统规划现代学徒制试点工作。把立德树人、促进人的全面发展作为试点工作的根本任务，统筹利用好政府、行业、企业、职业院校、科研机构等方面的资源，协调好教育、人力资源和社会保障、财政、发展和改革委员会等相关部门的关系，形成合力，共同研究解决试点工作中遇到的困难和问题。坚持校企双主体育人、职业院校教师和企业师傅双导师教学，明确学徒的企业员工和职业院校学生双重身份，签好学生与企业、学校与企业两个合同，形成职业院校和企业联合招生、联合培养、一体化育人的长效机制，切实提高生产、服务一线劳动者的综合素质和人才培养的针对性，解决好合作企业招工难问题。

3.1.2 利益相关者合作共赢角度的工作内涵

从利益相关者合作共赢的角度，“意见”提出现代学徒制的工作内涵有以下特点：“推动试点院校根据合作企业需求，与合作企业共同研制招生与招工方案，扩大招生范围，改革考核方式、内容和录取办法，并将试点院校的相关招生计划纳入学校年度招生计划进行统一管理。”“引导职业院校与合作企业根据技术技能人才成长规律和工作岗位的实际需要，共同研制人才培养方案、开发课程和教材、设计实施教学、组织考核评价、开展教学研究等。”“各地要促进校企双方密切合作，打破现有教师编制和用工制度的束缚，探索建立教师流动编制或设立兼职教师岗位，加大学校与企业之间人员互聘共用、双向挂职锻炼、横向联合技术研发和专业建设的力度。”“各地要切实推动试点院校与合作企业根据现代学徒制的特点，共同建立教学运行与质量监控体系，共同加强过程管理。”

3.1.3 利益相关者利益保障角度的工作保障制度

从利益相关者利益保障的角度，“意见”规定各地教育行政部门要推动政府出台扶持政策，加大投入力度，通过财政资助、政府购买等奖励措施，引导企业和职业院校积极开展现代学徒制试点，并按照国家有关规定，保障学生权益，保证合理报酬，落实学徒的责任保险、工伤保险，确保学生安全。

大力推进“双证融通”，对经过考核达到要求的毕业生，发放相应的学历证书和职业资格证书。针对资金保障、设施设备保障等物质资源保障，“意见”明确提出：“加大投入力度，通过财政资助、政府购买等奖励措施，引导企业和职业院校积极开展现代学徒制试点。”由于现代学徒制的实施要保证教学内容与岗位要求一致，单纯依靠职业院校或者企业一方面的教学资源很难达到这一教学要求，需要集中所有现代学徒制中利益相关者的全部力量，整合各方面的资源，为现代学徒制的实施提供保障，“意见”明确提出：“引导和鼓励行业、企业与试点院校通过组建职教集团等形式，整合资源，为现代学徒制试点搭建平台。”

3.1.4 利益相关者成本分担角度的试点内容

从利益相关者成本分担的角度，“方案”提出：“完善学徒培养管理机制，明确校企双方职责、分工，推进校企紧密合作、协同育人。完善校企联合招生、分段育人、多方参与评价的双主体育人机制。探索人才培养成本分担机制，统筹利用好校内实训场所、公共实训中心和企业实习岗位等教学资源，形成企业与职业院校联合开展现代学徒制的长效机制。”

3.1.5 利益相关者分工角度的试点要求

从利益相关者分工的角度，我国现代学徒制中利益相关者主要包括：地级市、行业系统、职业院校、企业等。“方案”对各试点提出分工要求：地级市作为试点单位，统筹辖区内职业院校和企业，立足辖区内职业教育资源和企业资源，合理确定试点专业和学生规模，开展现代学徒制试点工作，重点探索地方实施现代学徒制的支持政策和保障措施；行业系统作为试点单位，统筹行业内职业院校和企业，选择行业职业教育重点专业，开展现代学徒制试点工作，重点任务是开发现代学徒制的各类标准；职业院校作为试点单位，选择学校主干专业作为试点专业，联合有条件、有意愿的企业，共同开展现代学徒制试点，重点探索开展现代学徒制的人才培养模式和管理制度；具有多年校企一体化育人经验的大型企业作为试点单位，联合职业院校，共同开展现代学徒制试点，重点探索企业参与现代学徒制的有效途径、运作方式和支持政策。

3.1.6 利益相关者工作重点角度的培养和管理

从利益相关者工作重点的角度，“通知”提出校企共同制订和实施招生招工方案，规范招生录取和企业用工程序，推进招生招工同步、先招工后招生、先招生后招工，明确学徒的企业员工和职业学校学生双重身份，保障学徒的合法权益。健全与现代学徒制相适应的教学管理与运行机制。校企协同制订现代学徒制专业人才培养方案，并由学校党委会审定。校企共同分担人才培养成本，完善教学运行与质量监控体系，规范人才培养全过程。

3.1.7 利益相关者工作组织角度的实施

从利益相关者工作组织的角度，“通知”要求把现代学徒制工作与贯彻落实《国家职业教育改革实施方案》统筹推进，加大政策保障和投入力度，完善政府、行业、企业、职业院校等共同参与的学徒培养质量评价机制，将现代学徒制实施情况作为省级、校级质量年度报告的重要内容。

3.2 现代学徒制试点分布特征①

现代学徒制试点采取自愿申报原则。到2018年教育部先后批准了562个现代学徒制试点单位开展相关试点工作，包括政府（地级市）、行业、企业及职业院校。

3.2.1 以政府（地级市）为申报单位的试点分布特征

到2018年，教育部先后批准20个地级市现代学徒制试点单位，如表3－1所示。

① 本节的数据来源：

a. http：//www.moe.gov.cn/srcsite/A07/s3069/201508/t20150817_200588.html.

b. http：//www.moe.gov.cn/srcsite/A07/moe_737/s3876_cxfz/201709/t20170911_314178.html.

c. http：//www.moe.gov.cn/srcsite/A07/moe_737/s3876_cxfz/201808/t20180810_344970.html.

表 3－1　　地级市试点

序号	第一批政府（地级市）	序号	第一批政府（地级市）	序号	第一批政府（地级市）
1	吉林省吉林市	7	浙江省嘉兴市	13	广东省中山市
2	吉林省辽源市	8	浙江省湖州市	14	广西壮族自治区柳州市
3	江苏省无锡市	9	湖北省荆州市	15	四川省成都市
4	江苏省南通市	10	湖南省长沙市	16	陕西省咸阳市
5	江苏省常州市科教城	11	湖南省湘潭市	17	青岛市
6	浙江省杭州市	12	广东省佛山市		
序号	第二批政府（地级市）	序号	第二批政府（地级市）	序号	第三批政府（地级市）
18	湖北省宜昌市	19	湖南省岳阳市	20	清远市人民政府

从所属的省级行政区来看，仅有 10 个省级行政区申报试点，如图 3－1 所示，包括江苏省（3 个）、浙江省（3 个）、湖南省（3 个）、广东省（3 个）、吉林省（2 个）、湖北省（2 个）、山东省（1 个）、四川省（1 个）、陕西省（1 个）、广西壮族自治区（1 个），主要分布在华东、华南和华中地区，目前缺乏华北地区的地级市试点。

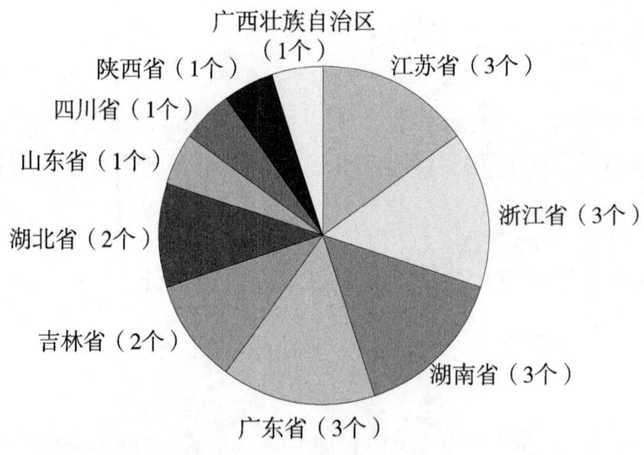

图 3－1　地级市试点所属省级行政区分布情况

3.2.2　以行业系统为申报单位的试点分布特征

到 2018 年，教育部先后批准 21 个行业系统现代学徒制试点单位，如表 3－2所示。

表3-2 行业系统试点

序号	第一批行业系统	序号	第一批行业系统	序号	第一批行业系统
1	机械工业教育发展中心	6	中国物流与采购联合会	11	山西省旅游局
2	有色金属工业人才中心	7	中民民政职业能力建设中心	12	广东省旅游协会
3	中国煤炭教育协会	8	国家康复辅具研究中心	13	南宁市焊接协会
4	中国建筑材料联合会	9	中国艺术科技研究所		
5	中国汽车工程学会	10	山西省煤炭工业厅		
序号	第二批行业系统	序号	第二批行业系统	序号	第二批行业系统
14	中国电子信息行业联合会	16	江西省船舶工业行业协会		
15	中国检验检疫学会	17	广东省物联网协会		
序号	第三批行业系统	序号	第三批行业系统	序号	第三批行业系统
18	中国电器工业协会	19	中国职业技术教育学会职业教育装备专业委员会	20	河南省建设教育协会
				21	新疆马产业职业教育联盟

从服务的产业来看，结合表3-2分析，对应第一产业的行业系统有1个；对应第二产业的行业系统有11个；对应第三产业的行业系统有9个，如图3-2所示。

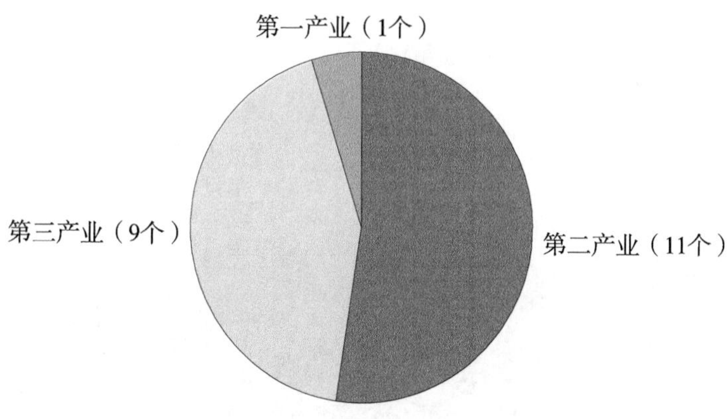

图3-2 行业系统试点所属产业分布情况

3.2.3 以企业为申报单位的试点分布特征

到2018年，教育部先后批准了17个企业现代学徒制试点单位，如表3-3所示。

表 3－3　　　　　　　　企业试点

序号	第一批企业	序号	第一批企业	序号	第一批企业
1	天津海鸥表业集团有限公司	4	海澜集团有限公司	7	郑州宇通客车股份有限公司
2	天津渤海化工集团有限责任公司	5	江西省建材集团公司	8	博世汽车部件（长沙）有限公司
3	招商局物流集团上海有限公司	6	济南二机床集团有限公司		
序号	第二批企业	序号	第二批企业	序号	第二批企业
9	天津圣纳科技有限公司	11	吉林省汽车工业贸易集团有限公司	13	长沙五十七度湘餐饮管理有限公司
10	吉林大药房药业股份有限公司	12	九江明阳电路科技有限公司		
序号	第三批企业	序号	第三批企业	序号	第三批企业
14	深圳市讯方技术股份有限公司	15	廊坊精雕数控机床制造有限公司	16	浙江海亮股份有限公司
				17	香港雅姬乐集团有限公司

从试点企业所属的省级行政区来看，结合表 3－3 分析，仅涉及 11 个省级行政区，如图 3－3 所示，包括天津市（3 个）、吉林省（2 个）、湖南省（2 个）、广东省（2 个）、江西省（2 个）、江苏省（1 个）、上海市（1 个）、河北省（1 个）、浙江省（1 个）、山东省（1 个）、河南省（1 个）。其中，华东、华北、华中、华南和东北地区企业申报试点分别占全部企业申报试点的 35.3%、23.5%、17.6%、11.8%和 11.8%。

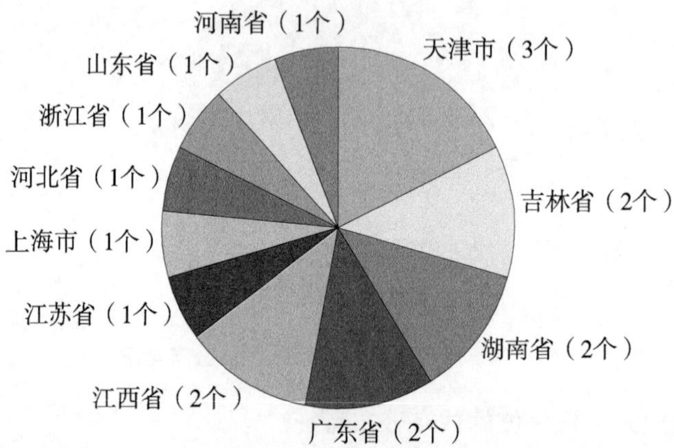

图 3－3　企业试点所属省级行政区分布情况

3.2.4 以职业院校为申报单位的试点分布特征

到2018年，教育部先后批准了504所职业院校现代学徒制试点单位。其中，高职院校410所，如表3-4所示；中职院校94所，如表3-5所示。

表3-4 高职院校试点

序号	第一批高职院校	序号	第一批高职院校	序号	第一批高职院校
1	北京交通运输职业学院	31	无锡商业职业技术学院	61	商丘医学高等专科学校
2	北京电子科技职业学院	32	南京工业职业技术学院	62	黄冈职业技术学院
3	北京财贸职业学院	33	南通职业大学	63	武汉铁路职业技术学院
4	天津中德职业技术学院	34	江苏农林职业技术学院	64	武汉船舶职业技术学院
5	天津电子信息职业技术学院	35	南京信息职业技术学院	65	武汉职业技术学院
6	天津职业大学	36	金华职业技术学院	66	湖南石油化工职业技术学院
7	河北建材职业技术学院	37	温州职业技术学院	67	湖南工艺美术职业学院
8	唐山工业职业技术学院	38	浙江机电职业技术学院	68	长沙民政职业技术学院
9	邢台职业技术学院	39	浙江商业职业技术学院	69	长沙航空职业技术学院
10	石家庄铁路职业技术学院	40	宁波职业技术学院	70	清远职业技术学院
11	石家庄邮电职业技术学院	41	浙江建设职业技术学院	71	广东科学技术职业学院
12	渤海理工职业学院	42	芜湖职业技术学院	72	广东工程职业技术学院
13	山西职业技术学院	43	安徽机电职业技术学院	73	广东机电职业技术学院
14	山西工程职业技术学院	44	安徽职业技术学院	74	广州铁路职业技术学院
15	山西药科职业学院	45	福州职业技术学院	75	广东邮电职业技术学院
16	内蒙古机电职业技术学院	46	福建林业职业技术学院	76	广州番禺职业技术学院
17	内蒙古商贸职业学院	47	福建生物工程职业技术学院	77	广西职业技术学院
18	辽宁林业职业技术学院	48	江西应用技术职业学院	78	广西建设职业技术学院
19	辽宁职业学院	49	江西航空职业技术学院	79	广西交通职业技术学院
20	沈阳职业技术学院	50	东营职业学院	80	海南职业技术学院
21	大连装备制造职业技术学院	51	滨州职业学院	81	三亚城市职业学院
22	长春汽车工业高等专科学校	52	山东商业职业技术学院	82	重庆工业职业技术学院
23	长春职业技术学院	53	山东交通职业学院	83	重庆航天职业技术学院
24	哈尔滨职业技术学院	54	山东科技职业学院	84	重庆电子工程职业学院
25	哈尔滨铁道职业技术学院	55	青岛职业技术学院	85	四川交通职业技术学院
26	黑龙江农业工程职业学院	56	日照职业技术学院	86	成都农业科技职业学院
27	上海中侨职业技术学院	57	河南工业职业技术学院	87	四川邮电职业技术学院
28	上海旅游高等专科学校	58	开封文化艺术职业学院	88	贵州轻工职业技术学院
29	上海农林职业技术学院	59	河南农业职业学院	89	贵阳职业技术学院
30	江苏食品药品职业技术学院	60	漯河职业技术学院	90	昆明工业职业技术学院

续表

序号	第一批高职院校	序号	第一批高职院校	序号	第一批高职院校
91	云南国土资源职业学院	95	酒泉职业技术学院	99	新疆职业大学
92	陕西交通职业技术学院	96	青海畜牧兽医职业技术学院	100	新疆石河子职业技术学院
93	陕西工业职业技术学院	97	宁夏职业技术学院		
94	兰州资源环境职业技术学院	98	新疆轻工职业技术学院		
序号	第二批高职院校	序号	第二批高职院校	序号	第二批高职院校
101	北京工业职业技术学院	129	辽宁石化职业技术学院	158	安徽交通职业技术学院
102	北京劳动保障职业学院	130	辽宁省交通高等专科学校	159	安徽商贸职业技术学院
103	北京农业职业学院	131	辽宁农业职业技术学院	160	安庆职业技术学院
104	北京信息职业技术学院	132	辽宁金融职业学院	161	淮南职业技术学院
105	天津城市建设管理职业技术学院	133	辽宁建筑职业学院	162	徽商职业学院
		134	辽宁城市建设职业技术学院	163	福建船政交通职业学院
106	天津城市职业学院	135	长春金融高等专科学校	164	湄洲湾职业技术学院
107	天津交通职业学院	136	吉林交通职业技术学院	165	泉州工艺美术职业学院
108	天津青年职业学院	137	大庆医学高等专科学校	166	江西工业工程职业技术学院
109	天津轻工职业技术学院	138	黑龙江建筑职业技术学院	167	江西工业贸易职业技术学院
110	天津商务职业学院	139	黑龙江林业职业技术学院	168	江西建设职业技术学院
111	天津冶金职业技术学院	140	黑龙江农业经济职业学院	169	江西泰豪动漫职业学院
112	天津医学高等专科学校	141	黑龙江生物科技职业学院	170	江西冶金职业技术学院
113	邯郸职业技术学院	142	黑龙江职业学院	171	九江职业技术学院
114	河北工业职业技术学院	143	佳木斯职业学院	172	山东城市建设职业学院
115	河北软件职业技术学院	144	上海邦德职业技术学院	173	山东畜牧兽医职业学院
116	秦皇岛职业技术学院	145	上海城建职业学院	174	山东工业职业学院
117	石家庄财经职业学院	146	上海东海职业技术学院	175	山东理工职业学院
118	石家庄科技工程职业学院	147	常州信息职业技术学院	176	威海职业学院
119	石家庄职业技术学院	148	江苏建筑职业技术学院	177	烟台职业学院
120	山西华澳商贸职业学院	149	江苏农牧科技职业学院	178	淄博职业学院
121	山西机电职业技术学院	150	苏州工业园区职业技术学院	179	黄河水利职业技术学院
122	运城职业技术学院	151	杭州职业技术学院	180	济源职业技术学院
123	鄂尔多斯职业学院	152	嘉兴职业技术学院	181	长江职业学院
124	包头职业技术学院	153	浙江工贸职业技术学院	182	湖北交通职业技术学院
125	包头轻工职业技术学院	154	浙江工业职业技术学院	183	湖北生物科技职业学院
126	辽宁医药职业学院	155	浙江旅游职业学院	184	湖北职业技术学院
127	辽宁冶金职业技术学院	156	安徽工商职业学院	185	武汉城市职业学院
128	辽宁水利职业学院	157	安徽国际商务职业学院	186	仙桃职业学院

续表

序号	第二批高职院校	序号	第二批高职院校	序号	第二批高职院校
187	襄阳职业技术学院	210	三亚理工职业学院	233	陕西铁路工程职业技术学院
188	常德职业技术学院	211	重庆城市管理职业学院	234	陕西邮电职业技术学院
189	湖南汽车工程职业学院	212	重庆电力高等专科学校	235	渭南职业技术学院
190	湖南铁道职业技术学院	213	重庆工商职业学院	236	西安航空职业技术学院
191	湖南现代物流职业技术学院	214	重庆三峡医药高等专科学校	237	西安铁路职业技术学院
192	永州职业技术学院	215	重庆医药高等专科学校	238	西安职业技术学院
193	广东环境保护工程职业学院	216	成都纺织高等专科学校	239	咸阳职业技术学院
194	广东建设职业技术学院	217	成都工业职业技术学院	240	杨凌职业技术学院
195	广东理工职业学院	218	成都航空职业技术学院	241	甘肃工业职业技术学院
196	广东食品药品职业学院	219	成都职业技术学院	242	甘肃交通职业技术学院
197	广州城建职业学院	220	广安职业技术学院	243	青海柴达木职业技术学院
198	广州工程技术职业学院	221	四川航天职业技术学院	244	宁夏财经职业技术学院
199	中山火炬职业技术学院	222	宜宾职业技术学院	245	宁夏工商职业技术学院
200	中山职业技术学院	223	毕节医学高等专科学校	246	宁夏建设职业技术学院
201	珠海城市职业技术学院	224	贵州交通职业技术学院	247	宁夏民族职业技术学院
202	广西电力职业技术学院	225	黔东南民族职业技术学院	248	巴音郭楞职业技术学院
203	广西工商职业技术学院	226	铜仁职业技术学院	249	昌吉职业技术学院
204	广西工业职业技术学院	227	曲靖医学高等专科学校	250	克拉玛依职业技术学院
205	广西经贸职业技术学院	228	云南机电职业技术学院	251	乌鲁木齐职业大学
206	南宁职业技术学院	229	云南能源职业技术学院	252	新疆交通职业技术学院
207	海南经贸职业技术学院	230	云南锡业职业技术学院	253	新疆农业职业技术学院
208	海南软件职业技术学院	231	陕西国防工业职业技术学院	254	伊犁职业技术学院
209	三亚航空旅游职业学院	232	陕西能源职业技术学院		
序号	第三批高职院校	序号	第三批高职院校	序号	第三批高职院校
255	北京经济管理职业学院	265	山西电力职业技术学院	275	辽宁轨道交通职业学院
256	天津滨海汽车工程职业学院	266	山西建筑职业技术学院	276	辽宁机电职业技术学院
257	天津海运职业学院	267	山西交通职业技术学院	277	辽宁经济职业技术学院
258	沧州医学高等专科学校	268	山西经贸职业学院	278	辽宁轻工职业学院
259	河北对外经贸职业学院	269	山西林业职业技术学院	279	辽宁现代服务职业技术学院
260	河北轨道运输职业技术学院	270	山西轻工职业技术学院	280	辽宁职业学院
261	河北化工医药职业技术学院	271	山西水利职业技术学院	281	吉林电子信息职业技术学院
262	河北交通职业技术学院	272	包头铁道职业技术学院	282	吉林工业职业技术学院
263	廊坊职业技术学院	273	内蒙古化工职业学院	283	吉林铁道职业技术学院
264	山西财贸职业技术学院	274	乌海职业技术学院	284	黑龙江交通职业技术学院

续表

序号	第三批高职院校	序号	第三批高职院校	序号	第三批高职院校
285	黑龙江民族职业学院	319	江西陶瓷工艺美术职业技术学院	353	湖南三一工业职业技术学院
286	黑龙江生态工程职业学院			354	湖南生物机电职业技术学院
287	黑龙江信息技术职业学院	320	江西外语外贸职业学院	355	湖南邮电职业技术学院
288	上海工艺美术职业学院	321	德州职业技术学院	356	娄底职业技术学院
289	上海济光职业技术学院	322	济宁职业技术学院	357	岳阳职业技术学院
290	江苏海事职业技术学院	323	莱芜职业技术学院	358	长沙环境保护职业技术学院
291	江苏经贸职业技术学院	324	聊城职业技术学院	359	长沙商贸旅游职业技术学院
292	南京铁道职业技术学院	325	临沂职业学院	360	东莞职业技术学院
293	苏州工业职业技术学院	326	青岛港湾职业技术学院	361	广东碧桂园职业学院
294	苏州工艺美术职业技术学院	327	青岛酒店管理职业技术学院	362	广东工贸职业技术学院
295	徐州工业职业技术学院	328	山东商务职业学院	363	广东科贸职业学院
296	扬州工业职业技术学院	329	山东水利职业学院	364	广东轻工职业技术学院
297	杭州科技职业技术学院	330	山东医学高等专科学校	365	广东水利电力职业技术学院
298	宁波城市职业技术学院	331	山东职业学院	366	广州科技贸易职业学院
299	台州职业技术学院	332	泰山职业技术学院	367	广州民航职业技术学院
300	浙江同济科技职业学院	333	潍坊职业学院	368	河源职业技术学院
301	浙江艺术职业学院	334	河南经贸职业学院	369	深圳信息职业技术学院
302	安徽财贸职业学院	335	河南水利与环境职业学院	370	顺德职业技术学院
303	安徽电气工程职业技术学院	336	河南职业技术学院	371	广西农业职业技术学院
304	安徽国防科技职业学院	337	三门峡职业技术学院	372	广西水利电力职业技术学院
305	安徽水利水电职业技术学院	338	许昌职业技术学院	373	重庆财经职业学院
		339	郑州铁路职业技术学院	374	重庆城市职业学院
306	滁州职业技术学院	340	郑州信息科技职业学院	375	重庆电讯职业学院
307	阜阳职业技术学院	341	湖北城市建设职业技术学院	376	重庆科创职业学院
308	合肥职业技术学院	342	湖北工业职业技术学院	377	重庆能源职业学院
309	黎明职业大学	343	湖北国土资源职业学院	378	重庆三峡职业学院
310	泉州轻工职业学院	344	湖北科技职业学院	379	重庆水利电力职业技术学院
311	三明医学科技职业学院	345	湖北轻工职业技术学院	380	成都工贸职业技术学院
312	漳州职业技术学院	346	三峡电力职业学院	381	乐山职业技术学院
313	江西财经职业学院	347	武汉交通职业学院	382	泸州职业技术学院
314	江西工业职业技术学院	348	武汉软件工程职业学院	383	眉山职业技术学院
315	江西环境工程职业学院	349	咸宁职业技术学院	384	四川财经职业学院
316	江西旅游商贸职业学院	350	湖南化工职业技术学院	385	四川工程职业技术学院
317	江西生物科技职业学院	351	湖南环境生物职业技术学院	386	四川建筑职业技术学院
318	江西水利职业学院	352	湖南理工职业技术学院	387	四川信息职业技术学院

续表

序号	第三批高职院校	序号	第三批高职院校	序号	第三批高职院校
388	四川长江职业学院	396	云南城市建设职业学院	404	青海建筑职业技术学院
389	四川中医药高等专科学校	397	云南农业职业技术学院	405	青海交通职业技术学院
390	贵州电子信息职业技术学院	398	陕西航空职业技术学院	406	青海卫生职业技术学院
391	贵州护理职业技术学院	399	陕西职业技术学院	407	阿克苏职业技术学院
392	贵州建设职业技术学院	400	西安汽车科技职业学院	408	新疆建设职业技术学院
393	贵州盛华职业学院	401	西安医学高等专科学校	409	新疆铁道职业技术学院
394	黔南民族职业技术学院	402	甘肃建筑职业技术学院	410	新疆应用职业技术学院
395	昆明冶金高等专科学校	403	兰州石化职业技术学院		

表 3-5　　中职院校试点

序号	第一批中职院校	序号	第一批中职院校	序号	第一批中职院校
1	北京市昌平职业学校	10	江西省医药学校	20	青海省工业职业技术学校
2	承德工业学校	11	德州交通职业中等专业学校	21	中卫市职业技术学校
3	呼和浩特市商贸旅游职业学校	12	洛阳铁路信息工程学校	22	新疆工业经济学校
		13	重庆工商学校	23	第一师阿拉尔职业技术学校
4	沈阳市化工学校	14	四川省达州中医学校	24	宁波市鄞州区古林职业高级中学
5	长春市农业学校	15	贵阳铁路工程学校		
6	大庆市蒙妮坦职业高级中学	16	玉溪工业财贸学校	25	宁波市北仑职业高级中学
7	上海电子工业学校	17	西藏日喀则市职业技术学校	26	厦门工商旅游学校
8	亳州中药科技学校	18	陕西省电子工业学校	27	深圳市第一职业技术学校
9	福建省福州旅游职业中专学校	19	平凉理工中等专业学校		
序号	第二批中职院校	序号	第二批中职院校	序号	第二批中职院校
28	北京市电气工程学校	38	上海信息技术学校	48	醴陵市陶瓷烟花职业技术学校
29	河北省科技工程学校	39	常州刘国钧高等职业技术学校		
30	衡水市职业技术教育中心	40	江苏省常熟中等专业学校	49	佛山市顺德区陈村职业技术学校
31	石家庄工程技术学校	41	江苏省太仓中等专业学校		
32	唐山市第一职业中等专业学校	42	南京金陵中等专业学校	50	广东省食品药品职业技术学校
33	山西省忻州市原平农业学校	43	盐城机电高等职业技术学校	51	重庆市江南职业学校
34	大连市轻工业学校	44	绍兴市柯桥区职业教育中心	52	重庆市农业学校
35	哈尔滨轻工业学校	45	安徽金寨职业学校	53	重庆市渝北职业教育中心
36	上海海事大学附属职业技术学校	46	河南信息工程学校	54	攀枝花市华森职业学校
37	上海市杨浦职业技术学校	47	湖北十堰职业技术（集团）学校	55	首钢水城钢铁（集团）责任有限公司中等专业学校

续表

序号	第二批中职院校	序号	第二批中职院校	序号	第二批中职院校
56	凤冈县中等职业学校	59	陕西省电子信息学校	63	奇台中等职业技术学校
57	鹤庆县职业高级中学	60	天水市职业技术学校	64	新疆安装工程学校
58	拉萨市第二中等职业技术学校	61	西宁市第一职业技术学校	65	新疆生产建设兵团第三师图木舒克职业技术学校
		62	阜康市职业中等专业学校		
序号	第三批中职院校	序号	第三批中职院校	序号	第三批中职院校
66	北京市商业学校	75	绍兴市中等专业学校	85	重庆市九龙坡职业教育中心
67	邯郸市肥乡区职业技术教育中心	76	单县职业中等专业学校	86	重庆市南川隆化职业中学校
		77	山东省莱阳卫生学校	87	重庆市女子职业高级中学
68	河北经济管理学校	78	常德财经中等专业学校	88	贵州省交通运输学校
69	山西省铁路工程学校	79	湘西经济贸易学校	89	金沙县中等职业学校
70	长春市第二中等专业学校	80	东莞理工学校	90	遵义市旅游学校
71	黑龙江省商务学校	81	东莞市纺织服装学校	91	甘肃省冶金高级技术学院
72	上海市建筑工程学校	82	广西理工职业技术学校	92	青海省水电职业技术学校
73	苏州工业园区工业技术学校	83	四川仪表工业学校	93	青海省重工业职业技术学校
74	衢州中等专业学校	84	重庆市奉节职业教育中心	94	宁夏回族自治区农业学校

从所属的省级行政区来看，结合表3－4和表3－5分析，有31个省级行政区的职业院校申报试点。其中，广东和山东的院校申报试点最多，如图3－4所示。

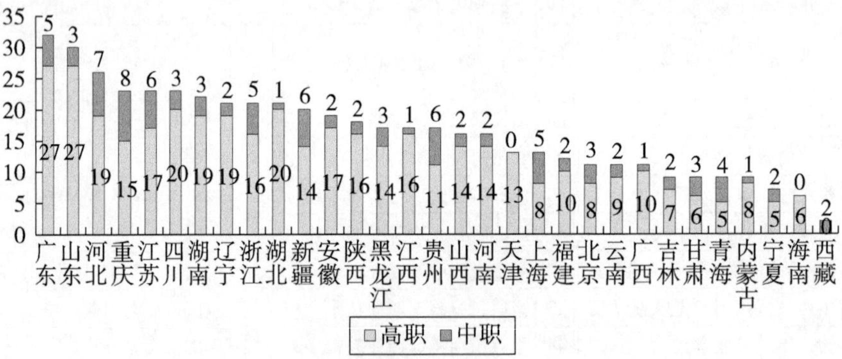

图3－4　职业院校试点所属省级行政区分布情况

3.3 我国现代学徒制案例分析①

3.3.1 以政府（地级市）为主导的试点案例分析

3.3.1.1 面向东部地区的政府（地级市）试点——江苏省南通市案例

2015 年 8 月，江苏省南通市获教育部首批现代学徒制试点地区。根据《教育部关于开展现代学徒制试点工作的意见》和《教育部办公厅关于公布首批现代学徒制试点单位的通知》精神，在省教育厅和市委市政府的领导下，以习近平新时代中国特色职业教育思想为指导，以构建现代学徒制人才培养体系、全面提升职业院校技术技能人才培养能力和水平为目标，两年多来，南通市将试点工作分成支撑理论研究、政策制度拟订、“六大工程”建设、职业院校试点四个工作板块，并分别组建了由政府主管部门人员、一线职业教育工作者和职业教育理论研究人员组成的工作班子，在市教育局的直接领导和市职教学会（职业技术教育学会）的具体组织下分工负责，整体推进。纵向到底、横向到边、任务和责任明确的管理体系，使现代学徒制实质性运转亟须建立的五方面机制初步形成；先学后做、做中学、学中做和做思结合的工作方法，确保了试点工作的正确方向；六大类共 19 个政策制度的陆续出台，为试点工作的顺利开展以及在此基础上的普及推广提供了可能；“六大工程”责任主体明确，扎实推进，为试点工作和职业教育的可持续发展搭建了良好的平台。两年来，南通市切实加强领导，统筹协调，凝心聚力，大胆实践，扎实推进，较好地完成了试点工作的既定任务，取得了显著的阶段性成效。

1. 积极推进招生与招工一体化

试点院校和合作企业按照“招生即招工、入校即入厂、毕业即就业、校企联合培养”的总体要求，从学校层次类别、学历教育与非学历教育、专业特点、学制年限、企业需要等实际情况出发，由校企双方共同制订实施招生招工方案，实行先招生再招工、招生与招工同步、先招工再招生等灵活多样的办法，逐步建立了院校招生录取和企业用工一体化的招生招工制度。

现代学徒制试点项目招生均经省教育厅、市教育局批准纳入年度招生计划，试点专业、招生人数、合作企业、培养方式、毕业分配、收费等重要事

① 资料来源：现代学徒制试点工作管理平台 http：//pilot. moe. ixuetu. org/site/login。

项，通过学校招生简章明确告知学生家长，规范职业院校招生录取和企业用工程序，明确学徒的企业员工和院校学生双重身份，按照双向选择原则，学徒、学校和企业签订三方协议，对于年满16周岁而未达到18周岁的学徒，学徒、监护人、学校和企业签订四方协议，明确各方权益及学徒在岗培养的具体岗位、教学内容、权益保障等。例如，无锡江南中等专业学校与江苏新日电动车股份有限公司于2016年9月在公司新入职的员工中共同选拔了46人，组建现代学徒制试点班。江苏新日电动车股份有限公司与46名学徒签订劳动合同，为学徒缴纳五险一金，同时与学徒签订培养协议，明确培养目标、培训内容与期限、考核办法等内容。无锡开放大学与上海睿泰企业管理集团有限公司秉持"入学即入职、毕业即就业"的人才培养理念，由学校和企业共同制订招生方案，制作校企联合招生简章，并策划拍摄了"睿泰"现代学徒制试点班招生宣传片。应届高中毕业生报考该试点专业必须通过企业面试，正式录取的学生由校企联合培养，三年学费（6800元/年）全免，并签订就业协议，毕业即成为企业正式员工，第一年年薪不低于3.5万元。学生最后一年顶岗实习期间享受1750元/月的补贴，表现优异的学生还可享受企业提供的额外奖学金。

按照现代学徒制试点要求，全面实施招生招工一体化，通过"学徒、监护人、学校、企业"签订四方协议的方式，使学生的学徒权利得到有效保障、企业准员工地位得到确认，让学生和家长对学生未来工作岗位有一定的认识和规划，让学校人才培养方向更加明确、相关资源得到有效整合利用，让企业用工实现需求有保障、岗位有人员、培养有目标，促进校企"联合招生、联合培养、定向就业"的人才培养机制不断建立。随着试点工作的不断推进，全地区现代学徒制招生招工模式进一步呈现多样化。

2. 深化工学结合人才培养模式改革

（1）编制现代学徒制试点人才培养方案

市教育行政部门组织试点学校分管校长、试点专业负责人和企业专家，对其宣讲了《开发手册》，进行了人才培养方案开发辅导。各试点专业根据《开发手册》的要求，组织企业专家和学校专业教师编制职业能力标准和人才培养方案，划分工作本位和学校本位课程，明确师资条件、师徒比例、实践教学条件、考核评价要求等。市职教学会专家组对各试点专业提交的职业能力标准和人才培养方案逐一审阅，从体例格式到具体内容、从课程名称到课时数量、从文字表述到标点符号等全面把关。针对共性问题，通过会议集中点评；针对个性问题，由指定专家进行点对点的书面反馈。经过历时近一年的精雕细琢，最终形成了报备的17个试点专业的《人才培养方案》。

（2）开发专业课程标准

在完成人才培养方案编制的基础上，着手组织专业课程标准开发。课程开发专家对项目负责人进行现代学徒制课程标准开发的集中辅导，并提供课程标准体例；各试点专业组织行业专家和专业教师共同分析支撑其职业能力的知识与技能，明确课程性质与教学目标定位，并确定教学内容和考核方式；职教学会组织专家对学校本位和工作本位课程标准进行审阅，对合格的158门课程标准进行了备案。

（3）编写专业教材

17个专业的54门现代学徒制“企业本位课程”教材编写全部完成，其中公开出版16部。

3. 加强专兼结合师资队伍建设

技能名师工作室、示范性职工培训中心、示范性实习实训基地、校企共建校内实训基地、专业建设研究基地、优秀中青年教师进企服务六大建设工程是基于前期调研，针对现代学徒制推进可能遭遇的瓶颈问题而提出的。这些工程的推进既为区域试点工作提供了基础能力保障，也为区域构建有效机制探索出新路，更为切实开展区域试点工作提供了有力抓手。

（1）技能名师工作室建设工程

南通市遴选建设了南通职业大学、江苏航运职业技术学院、南通科技职业学院、江苏省南通卫生高等职业技术学校、江苏省通州中等专业学校五所院校的技能名师工作室，并给予了经费支持，通过扶持建设，鼓励职业院校引入了一批企业技术能手，充分发挥技能名师在技艺传授、技术创新、技能交流及绝技绝活代际传承等方面的优势与作用。

（2）示范性职工培训中心建设工程

遴选并重点扶持的5个市级培训中心，都具备良好的场地、设施设备、师资和经费保障等办学条件，近几年来面向企业技术进步和产业升级需求，开展高技能人才培训2600多人次。

（3）优秀中青年教师进企服务工程

此项工程自2016年8月开始实施，市级层面共遴选60多名职业院校优秀中青年教师赴企业工作实践，服务企业技术创新、现代管理，市财政给予每人3万元的奖补。

技能名师工作室建设工程和优秀中青年教师进企业服务工程同步推进，使教师的专业水平、职业技能和服务企业的能力快速提升。2016年以来，试点专业教师在省级以上期刊发表现代学徒制论文118篇，其中核心期刊论文22篇，有34名教师被评为“2017年度全省教科研系统先进个人”。晋升专业技术职称和职业技能等级人员分别占38.7%和51.4%，1名教师在2018年入选第三批国家“万人计划”教学名师（在全省中等职业学校中唯一）。

4. 形成与现代学徒制相适应的教学管理与运行机制

(1) 示范性实习实训基地建设工程。南通市在企业、产业园区中扶持建设了10个示范性实习、实训基地，进一步鼓励企业、产业园区发挥技术和设施设备优势，主动参与技术技能人才培养。

(2) 校企共建校内实训基地建设工程。2017年，南通市启动了校企共建校内实训基地建设工程，首批遴选了10个校企共建的优秀校内实训基地，每个基地奖补20万元，有力推进了实训基地基础能力建设。

(3) 专业建设研究基地建设工程。为积极引导、支持、鼓励职业院校之间加强同类专业建设的沟通、交流，2016年12月，南通市遴选了13个专业建设研究基地，建设期为三年，每年每个基地安排5万元研究经费，每年初以任务书的形式明确基地的工作任务和目标。

5. 探索校企协同育人机制

通过两年的试点工作，目前现代学徒制试点工作“双主体”育人机制已日趋完善，各级政府、各个部门就试点工作“做什么”“怎么做”的建设共识基本形成。市级部门，以教育局、经信委（经济和信息化委员会，2018年12月，此机构被撤销）、财政局和人社局为成员单位，形成了常态化的联席议事制度，从制度修订到实践探索，以先行之见求先见之行。县域政府方面，如东县政府高度重视江苏省如东中等专业学校与三一帕尔菲格特种车辆装备有限公司的“机电一体化”项目，县财政先后拨付450万元用于项目基地建设，建立学徒培训学校和学徒补贴。行业协会方面，南通市相关行业协会牵头已组建跨境电商产教联盟、汽车职教集团和“新丝路”航海职教集团等5个产教联盟。

现代学徒制院校试点得到了试点合作企业的普遍认可。南通江山农药化工股份有限公司等企业将现代学徒制人才培养模式移植到企业员工培训中，形成了较为完善的员工师徒制培养模式岗位培训模式和管理制度；校企合作培养人才的积极性提高，2018年，试点合作企业接纳实习实训的学生人数较

2015年同比增加35.6%，优质资源实现了共享，南通卫校康复实训基地与合作医院共享设备，合作医院为学生提供宿舍、教室和休闲活动中心，校院双方互利共赢；试点学校与合作企业协同技术创新和技术改进项目69个，预期价值约9300万元。江苏永达电力电信安装工程有限公司与南通开放大学合作以来，培养了电气自动化专业学生187名，合作进行的技改项目达12项，为企业节约成本200多万元，学生（学徒）与企业师傅、院校教师共同成功申请专利21项，其中发明专利2项。

6. 完善人才培养制度和标准

标准体系的构建，是现代学徒制工作开展的难点，也是关键点。按照专业设置与产业需求对接、课程内容与职业标准对接、教学过程与生产过程对接的要求，南通市构建了结合地区产业发展、具有区域职教特色的三维标准体系。第一是职业能力标准，例如，以模具协会、饭店与餐饮业协会为代表的行业协会牵头研究制定各专业职业技能标准；第二是专业教学标准，基于各专业的职业能力标准，结合国家职业资格标准，联合行业企业专家共同开发了15个试点专业的专业教学标准，包括专业人才培养目标定位，专业课程体系的合理构建，学习时间的合理规划，教学评价的建议，师资、实践教学条件要求等；第三是课程标准，依据各专业教学标准，邀请课程专家、企业专家和学校骨干教师共同开发了158门工作本位和学校本位课程的课程标准，明确了各课程的教学目标，规范了教学内容、方法、评价方式。通过对每项标准的层层开发与构建，最终形成了逻辑缜密、结构严谨的标准体系。

3.3.1.2　面向西部地区的政府（地级市）试点——陕西省咸阳市案例

陕西省咸阳市在被确定为全国首批现代学徒制试点单位（地区）以来，积极按照“政府主导，校企主体，面上突破，点上创新”的思路，将开展现代学徒制试点工作作为创新人才培养模式，促进职业教育内涵发展，提升人才培养质量的重要抓手，在5所中职学校率先探索，基本形成“企业、学校”二元合一的学生管理体系和“学生—学徒—准员工—员工”四位一体的人才培养模式。

根据教育部现代学徒制试点工作要求，咸阳市确定了秦都职教中心、武功职教中心、礼泉职教中心、彬县职教中心、乾县职教中心5所办学基础好、办学质量高的中职学校为首批试点学校；依据当地产业结构特点，咸阳市将试点专业重点放在现代服务和先进制造业上，经过认真考察，最终确定了陕西天益教育科技有限公司、陕西博菲特流体控制设备装备制造有限公司、礼泉阔源汽车修理厂、陕西生益科技有限公司、陕西泰丰汽车制动系统有限公司等企业为咸阳市首批现代学徒制试点企业。校企双方共建实训基地，共同组织教学，共享教师、师傅，共推试点进程。2017—2018 年，参与试点企业师傅 54 名；参与试点学生 359 人，154 名学生取得双证，148 名学生顺利实现在企业就业。

1. 积极推进招生与招工一体化

试点校企把探索招生招工一体化作为推进现代学徒制的首要任务来抓，双方签订了联合招生招工协议书，共同确定招生专业和规模，联合开展招生宣传、招生录取，确保录取学生的双重身份。试点校企严格执行教育部等五部委《职业学校学生实习管理规定》，与家长、学生签订了四方安全协议书，保障了各方权益。试点学校为每位参与现代学徒制试点的学生印制了现代学徒制试点项目学生成长记录册。

2. 深化工学结合人才培养模式改革

试点校企积极开展人才培养模式调研，共同制订人才培养方案，将学生工作业绩和师傅评价纳入学生学业评价标准。积极探索“企业、学校”二元培养，“学生—学徒—准员工—员工”四位一体，“学校与企业，招生与招工，学习与工作，学生与学徒，教师与师傅，教室与车间”六合一的人才培养模式。

3. 加强专兼结合师资队伍建设

为打造一支能胜任现代学徒制试点工作、德才兼备的教学团队，试点学校制订了现代学徒制教师培训计划等方案，确定了现代学徒制企业师傅选拔标准及职责等制度，通过调、培、转、聘等方式，不断完善专业教师结构，加快专业教师成长，加强现代学徒制试点教师队伍建设。一是组织专业教师外出参加各级各类专业培训，下企业进行生产锻炼和挂职学习，加强校本研修，培养“双师型”教师；二是按照市政府规定，学校将编制的 20% 全部用于在企业聘请“技师型”兼职教师，将企业先进的管理理念和先进的生产技术引进学校。

4. 形成与现代学徒制相适应的教学管理与运行机制

咸阳市成立了以市教育局副局长为负责人的咸阳市现代学徒制试点工作项目组，统筹规划试点项目，5 个试点学校也分别成立了由职教专家、企业师傅、专业教师组成的现代学徒制试点工作项目组，具体落实试点项目。根据试点工作需要，试点单位先后制定了现代学徒制试点学生守则、师傅职责、专业教师考核办法、学生实践教学管理办法等规章制度，不断完善现代学徒制教育教学管理。

5. 探索校企协同育人机制

彬县职教中心在现代学徒制试点工作中，经过校企双方通力合作，初步形成了适应现代学徒制试点需要的“企业+学校”双课程体系。企业课程以岗位实践教学为主，主要采取“做中教、做中学”的途径，强化岗位技能训练，突出职业素养培养，主要由企业师傅指导学生完成学习任务。学校课程是以专业基础课程为平台、以专业核心课程为支撑、以专业技能训练课程为核心、以公共人文素质课程和专业选修课程模块为补充的模块化专业课程体系。双课程体系的建立，适应了现代学徒制教学实训需要，为学校教师和企业师傅有效实施教学实训提供了条件。

6. 完善人才培养制度和标准

一是构建由“专业课教师—实训指导教师—企业兼职教师”组成的校内学生学业评价体系，以检验学生的文化素养、专业知识、职业意识、企业文化及基本操作技能。二是构建由“实习指导教师—企业师傅”组成的双导师评价体系，以检验、评价学生的综合素养和职业核心技能。三是引入第三方认证，由具有职业资格鉴定机构对试点学生进行考核。

3.3.2 以行业系统为主导的试点案例分析

3.3.2.1 面向第一产业的行业系统试点——新疆马产业职业教育联盟案例

新疆马产业职业教育联盟在2018年8月通过评审，被确定为第三批全国现代学徒制试点。作为牵头单位，新疆农业职业技术学院以学院现代马产业技术专业为重点，进行了近1年的改革试点。

现代马产业技术专业于2018年与新疆野马文化发展有限公司等马术企业开展首批养马方向现代学徒制试点培养，从2017级现代马产业技术班的学生中，校企专家通过面试挑选10名学生，成立首个现代学徒制班级，2018年8月至2019年8月顺利实施试点1年。选择2017级学生进入试点，2020年项目验收毕业生，可以综合评价学徒制培养成效。2019年，新疆农业职业技术学院继续与新疆恒尚马业有限公司、乌鲁木齐神木园生态餐饮有限公司、野马集团有限公司联合开展现代学徒制人才培养，成立第二个20人现代学徒制班级，不断探索完善现代马产业技术专业现代学徒制人才培养运行管理体制。同时，新疆马产业职业教育联盟中的中职学校成立了25人现代学徒制班级，同步进入试点。

1. 积极推进招生与招工一体化

现代马产业技术专业现代学徒制人才培养试点校企联合招生试点通过两种模式实施。

2018 年试点“先招生后招工”，具体流程包括：2017 级新生入校一年后学校公布合作企业（企业集群），企业发布学徒岗位，学生、家长选择企业，企业甄选学徒（面试），签订企业预备员工合同（三方协议）。

2019 年着手试点“招生招工同步”，具体流程包括：企业参与 2019 级新生单招，新生入校时企业宣讲，企业、学校、学生签订三方协议，企业从一年级即参与全程培养，三年后学生免于企业试用期，直接在企业就业，成为企业正式员工。

试点一年来，现代马产业技术专业与企业进行现代学徒制联合培养的协议不断完善；建立年度补充备案机制，根据年度工作进展情况和现代学徒制联合培养的推进实际，不断补充双方“两合”培养的细节；不断完善学生与企业签订的预备员工合同，不断明晰学校、企业、学生的责任和义务，为畜牧兽医专业群其他专业试点提供了示范。

2018 年 9 月，2017 级试点学生通过接受现代学徒制人才培养专题教育、接受企业宣讲、定期参加企业各项活动、融入企业文化氛围、假期赴企业参与协助工作、赴企业学习等环节，不断加强对企业员工和职业院校学生双重身份的认同。实践证明，参与现代学徒制试点的学生对企业认知早，服从双方培养管理。为加强现代马产业技术专业学生对产业氛围的感受，学院安排每个专业的学生每年参加伊犁天马国际旅游节，参与木垒、巴州赛马节，通过志愿赛马裁判、赛马场地管理、马房管理等岗位实践，加深学生对产业、企业氛围的感知，同时宣传了现代马产业技术现代学徒制人才培养实践。

2. 深化工学结合人才培养模式改革

构建基于现代马场、马术俱乐部生产特点的现代学徒制人才培养模式，不断明晰高职层次现代马产业技术专业现代学徒制人才培养的定位，即校企联合在现代马术俱乐部企业真实环境中，通过“以师带徒”的方式，培养现代马产业发展所需的能够熟练掌握马匹骑乘、马房管理技术技能和具备现代马产业企业管理素质的高层次现代马产业技术职业人才。

一是基于现代马术俱乐部企业现代学徒制岗位的确定。在现代马产业技术专业传统培养形式顶岗实习阶段，学生选择马匹骑、养、繁、治其中一个就业岗位即可完成单一职业能力培养。现代马术俱乐部生产各环节“牵一发而动全身”的特点要求岗位技术人才熟悉掌握生产全过程；高职层次技术管理的复合型和具有创新创业能力的培养目标，进一步要求对人才进行全岗位、多循环的实景培养。在现代马术俱乐部企业，马术教练、马房管理岗位相对独立又紧密联系，通过现代学徒制人才培养模式，学生在现代马术俱乐部企业学习周期长，充分保证了马房管理、马病治疗、马术运动教练多个岗位的全覆盖学习，通过轮岗在不同生产周期不同岗位的交叉学习，校内生产性和企业真实环境两岗的循环学习，达到毕业生职业综合能力全面提升的目标。实践证明，2017 级试点学生通过校企两年共同培养，进入企业顶岗学习阶段，在合作马术俱乐部中很受欢迎。

二是基于学徒制岗位的校企“四阶段二层次”人才培养模式的完善。现代马产业技术专业现代学徒制设计和实施“校企融合、以师带徒、四阶段二层次”人才培养模式。以校企合作为主线，学生入校即明确学徒身份，以专任教师为主进行校内拜师、以企业兼职教师为主进行企业拜师，分基础素质培养、专业基础能力培养、岗位技术能力培养和岗位综合能力培养四个阶段，分校内学徒和企业学徒两个层次“双学徒”培养。第一阶段在新生入校的第一、第二学期，重在学生人文、思想素质、基础文化和素质（计算机、外语）的培养，并同步引入企业文化，集中开展现代马术俱乐部企业职业素质培养。第二阶段在教学第三、第四学期，校企合作改善校内生产性实训条件，企业兼职教师入校，重在学生专业基础能力的训练和培养，骑、养、繁、治四岗位实现一轮校内培养，同时学生定期赴企业参加内训，在企业进行岗位培训和企业文化浸润。第三阶段在第五、第六学期，学生根据岗位技术技能训练需要分“马匹骑乘、马房管理、马兽医、马匹繁育”四个模块进入企业，其中马术俱乐部企业马房管理岗位从学生进入企业开始实习两个月，两个月后进入马术教练岗位实习，然后进入马兽医、马匹繁育岗位。学生在企业的身份是学徒，在企业师傅指导下，在干中学，在学中干，完成岗位综合技术的学习并积累岗位工作经验。第四阶段是学生在合作企业顶岗工作，确定一个专业方向，选择一个技术岗位，以准技术员的身份带薪上岗工作 4 个月，承担一定的工作任务，企业进行工作绩效考核，校企联合小组完成对学生综合职业能力培养和职业资格水平考核。第一到第四学期，以专任教师为主，学生在校内拜师，企业师傅来校任课、指导，培养过程中企业人力资源部骨干、企业技术骨干根据需要来校。第五、第六学期以企业兼职教师为主，学生在企业拜师，校内专业教师定期赴企业授课。人才培养模式设计中始终以企业和学校双主体作用为主线，最大限度地共用、共享企业管理文化、职业标准、生产技术革新、技术专家资源。

3. 加强专兼结合师资队伍建设

现代马产业技术专业现代学徒制试点学校专业教师要求：具有中级以上职称，在现代马产业领域内具有扎实的专业知识和较丰富的专业实践能力，具有敬业精神、创新能力，掌握本专业技术发展动态，业务能力强，有一定的企业技术服务能力和社会培训能力。

按照企业师傅选聘标准，以合作企业为主体，选择企业技术骨干担任带徒师傅。2018 年开始合作的两家企业，分骑乘、饲养、繁殖、诊疗 4 个岗位，每个岗位选聘 3 名企业师傅，每位企业师傅带徒 3 人。学校与企业共同制定带徒津贴标准或办法，原则上企业师傅带徒补助在原企业待遇基础上另计，学校为主、企业为辅，共同担负，并根据企业师傅带徒考核评价办法组织发放。试点期间开设两个专业方向，试点班级选聘企业师傅一年来校达 18 人次。

学校每年选派两名校内专任教师到学徒制培养合作企业进行实践锻炼，与企业师傅共同参与企业项目研发，增加教师企业工作经历，提高教师的专业技术水平和实践应用能力。学校每年组织两名教师参加各类国家、省级专业教师培训，提升其职业教育理念和专业建设能力；定期组织教师积极参加教学研究活动，研究现代学徒制实施过程中出现的问题，不断学习、吸收新的职教精神，更新教育教学观念，努力探索适合高等职业教育的现代学徒制教学模式和教学规律，不断提高培训水平和教学效果。新疆马产业职业教育联盟成为试点以来，专业负责人深入乌昌附近马术企业，2019 年脱产半年赴昭苏马场开展实践提升，并指导联盟内的中职学校现代学徒制试点实施，学校定期组织对兼职教师的职业教育教学培训，提高兼职教师组织实践教学的能力，并支持有条件的兼职教师获取高校教师资格。

现代马产业技术专业现代学徒制试点工作小组，指定校企成员，对于开展现代学徒制试点班级，采用校内和企业双班主任机制，指定专人负责，定期研讨和协调解决试点中的问题，形成文件制度和会议记录。试点已制定现代马产业技术专业现代学徒制教学管理制度，将其纳入学院整体学分制管理办法和弹性学制管理办法，并组织实施；对教学质量的监控提出了更高的要求，制定学徒实习实训考核评价标准，考核评价机制，建立定期检查（巡查）、反馈等形式的教学质量监控机制，并组织实施。校企合作督导现代学徒制工作的运行与管理，校企共建现代学徒制运行督导体系，对学生课堂学习、企业学习及课余学习，对学校专任教师、企业师傅的教学，对校企双方的管理进行监控督导，避免“放羊现象”，保障育人质量，相关制度已经汇编成册，在以后的工作中将不断完善。

4. 形成与现代学徒制相适应的教学管理与运行机制

试点打破了传统的“两段式”“四段式”课程体系，构建了适合现代学徒制的“模块 + 融合 + 项目化”专业课程体系。

“模块”是指设置马房管理、马匹骑乘、马兽医、马匹繁育四大模块化课程，根据高职就业主要岗位，突出包含马房管理、马匹骑乘两门学徒岗位实训课程。在企业学习过程中，可以根据学徒进驻企业岗位先后顺序，进行模块的组合。

“融合”是指马房管理和马匹骑乘两个模块课程融合马房管理员、马术教练员职业资格标准，学徒通过课程即可获取相应职业证书；同时，融合支撑学生综合素质和创新能力培养的企业管理文化、社会能力和专业拓展能力模块课程。

“项目化”是指将现代马术俱乐部企业养、繁、治岗位内容按照实际工作过程梳理，明确企业在学徒培养期间要完成的核心实训任务，明确企业师傅以师带徒的教学目标。建立与工作过程相统一的专业课程体系和实践体系，将学习过程工作化，以适应学徒工学结合、岗位成才的需求。

教学标准的制定依据学徒制培养需要，基于行业企业岗位人才需求规格、核心能力要求、岗位晋升要求，校企共同制定现代马产业技术专业学徒制岗位标准体系，包括学徒岗位标准、课程标准、学徒标准、企业师傅聘用标准和多元评价标准。现代学徒制执行委员会组织指导并完善的基础文本规范，包括标准文档（培养标准、总体方案）、教学文档（尤其是企业培训方案、培训手册）、考评文档（企业培训考评手册）、监管文档（制度文件、跟踪工具）等系列化的人才培养过程文本，用于指导校内和企业的教学组织与运行。制定学生“满师”标准，“满师”标准与现代马产业技术行业“马房管理、马术教练”岗位相关职业资格证书标准对接，因此学生不需参加相应的职业资格证书考核，学生达到“满师”标准即可取得相关职业资格证书，另将达到“满师”标准作为取得毕业证书的基本条件。各项标准的制定过程中突出企业的主体作用，实行开放式培养模式。

由学校组织相关企业专家和专业教师组成团队，共同开发服务于现代学徒制教学的在线开放课程，以现代马产业技术内容为主体，开发现代马产业技术专业学徒在线学习、在线开放岗位实训课程，覆盖岗位核心技能、学生职业学习的全过程、现代马产业企业管理文化和马产业企业职业道德标准等。建设网络教学资源体系，支持“网络学知识，基地技能，企业做产品”的学习模式，为学生校内、校外，岗上、岗下时时学习提供支持，随学随用。

试点配合现代学徒制需要，已经立项并完成马房管理技术、马匹解剖生理、马属动物繁育技术、马属动物普通病防治、骑术训练与指导、赛马运动裁判6门世界银行贷款项目支持建设的在线开放课程，已完成关键岗位标准操作微视频155部，是目前全国现代马产业资源库系统建设最多的院校。

试点积极开发“校企双主体育人（1+1）”现代马产业技术专业现代学徒制学徒岗位实践教材《马房管理岗位实训教材》，重点将现代马产业企业学徒实践部分系统化、任务化、活页化，以适应现代学徒制教学的需要。截至2019年8月，《马房管理岗位实训教材》活页教材已经初步成型，下一步争取公开出版。

按照现代学徒制的要求和特点，现代马产业技术专业学徒制在校内教学过程中，其专业类课程主要采用项目教学，“教、学、做”一体，以学生为主体，由校企师傅共同组织进行，在授课过程中，采用理论实践一体化的现代学徒制教学模式，变学科知识本位为职业能力本位，运用现代职业教育理念为指导，通过项目教学法、任务驱动教学法和积极教学法，使学生具有一定的专业理论知识及基本技能，为学生到企业实践提供理论知识和专业基础技能的支持。在企业教学过程中，学生在企业有明确的岗位，由企业指派师傅指导和督促学生在企业接受生产技能培训，并完成一定的岗位工作任务。企业师傅会按照“走岗、贴岗、轮岗、顶岗”四个环节，对学生进行相应培训。学生以双重身份在企业工作现场开展技能学习，企业通过技术比赛、劳动竞赛等方式激励学生学习，进一步增强培训效果，其间学校专业教师定期赴企业开展补充教学。

5. 探索校企协同育人机制

2018年9月，试点与野马集团、恒尚、神木园深入开展“先招生后招工”联合学徒制培养。通过签订相关协议，校企联合确定全国首批现代马产业技术学徒，明确“员工、学员”的双重身份，与企业签订试点框架协议。

2019 年，现代学徒制推广到 3 家企业试点，采取“招生招工同步”，年级学生进校即明确企业员工身份，企业即开始参与共同培养，强化学生对企业文化和员工身份的认同，强化全程参与，强化学校、企业双环境转换培养。

基于新疆马产业技术技能人才培养的平台搭建，2017 年学校现代马产业技术专业牵头成立新疆马产业职业教育联盟，与合作企业建立校企合作理事会，将新疆开办马产业专业院校和马产业企业共同纳入合力培养马产业技术技能人才的资源共享平台，落实自治区人民政府《关于加快现代马产业发展的指导意见》，通过培养全国紧缺的马产业技术技能人才助力自治区马产业发展。自治区人民政府给予高度关注，在马产业文件出台过程中，学校两次参与文件审定，教育厅、原畜牧厅专项支持联盟建设，教育厅把联盟作为新疆 12 个职教联盟重点联盟单位，原畜牧厅每年专项资金支持建设，并将现代马产业专业带头人李桉等纳入全疆马业协会常务委员。

教育部批复第三批试点后，在具体实施过程中，基于现代马产业职业教育联盟，根据现代马产业技术专业特点，现代学徒制执行委员会得以成立，形成企业与职业院校联合开展现代学徒制的长效机制，每年定期召开两次专门会议。通过长效机制建设，提升企业对“双主体”下现代学徒制人才培养共同投入的认识，加深校企合作深度。

6. 完善人才培养制度和标准

2018 年、2019 年现代马产业技术专业现代学徒制班级人才培养成本校企共担，根据合作实际情况分为直接投入、实训合作、教学成本分担、学习主体投入四种类型。野马集团有限公司通过人力资源管理部定期组织学生职业素养活动，企业直接投入。学生在企业任学徒期间，在生产岗位上因实训实习发生的服装、食宿、损耗等相关费用，全部由企业承担。校企融合现代学徒制人才培养期间，企业兼职教师校内授课费用由学校承担，企业学徒制岗位教学费用由企业承担。学生学徒期间，分阶段视学生能力，使学生承担岗位劳动量，企业直接支付学生相关补助和费用。

鉴于马术运动具有一定的运动风险，在学校和学生购买学平险（中小学生平安保险）、定岗实习专项保险的基础上，合作企业为每位试点学生另外购买全程意外伤害保险。学徒在企业保险、福利、岗位补助待遇水平与本科员工待遇持平，甚至高出本科员工。

一是对参与试点学生，企业根据岗位视学徒表现，发放岗位补助。二是对参与试点学生，企业奖学金进行优先评选，职业教育联盟已设置天星调良等马产业企业专项奖学金。三是对于参与试点学生，全额支持其参与国内马业技能大赛，2019年6月，中国马业协会举办全国高校首属马业技能大赛，学校全额支持试点学生参与，学生在比赛中取得优秀成绩。四是对学徒期间表现优异的学生，学校与中国马业协会联系，推荐其到北京、上海、海南等相关俱乐部就业。

加强现代学徒制的理论与实践研究项目实施中，学校计划探索基于少数民族生源的特色小众专业技术技能人才现代学徒制人才培养的理论研究，已立项“马房管理技术课程本土化教学资源开发”院级课程，联合职业教育联盟内企业立项“新疆竞技运动马饲料配方的研究实践”课题，在职教研究和产业技术科学研究两个方面同步进行。但由于试点时间紧，基于少数民族传统优势进行小众专业技术技能人才现代学徒制人才培养的理论研究滞后，相关论文还没有发表。

3.3.2.2 面向第二产业的行业系统试点——有色金属工业人才中心案例

有色金属工业人才中心作为有色金属行业现代学徒制试点统筹协调机构，依托有色金属行业企业，与山东铝业职业学院、白银矿冶职业技术学院、辽宁地质工程职业学院合作，共同探索现代学徒制人才培养模式。试点工作从2015年9月开始，历时3年，全面完成目标任务，工作成效显著。有色金属行业试点在完成行业总结、提炼试点工作内容的基础上，进行制度创新，先后出台了有色金属行业现代学徒制企业资质标准、有色金属行业企业师傅（导师）标准、有色金属行业企业师傅（导师）聘用制度、有色金属行业企业学徒注册备案制度、有色金属行业现代学徒制证书制度等工作规范，发布给试点合作院校、企业，规范试点工作环节，提升试点工作层次。

1. 积极推进招生与招工一体化

在有色金属行业试点工作中，校企联合招生招工一体化推进比较到位。3所院校的合作企业与院校有密切联系。与山东铝业职业学院合作的中铝东南铜业有限公司，与山东铝业职业学院隶属中国铝业集团有限公司。现代学徒制试点工作开展期间，山东铝业职业学院院长调任中铝东南铜业有限公司任总经理，企业与学院的天然联系，企业领导对职业教育工作的熟悉程度，很好地保证了现代学徒制试点工作在山东铝业职业学院的开展，招生招工一体化落实得十分到位。

试点学校联合合作企业，依据校企双方实际情况与需求，制订校企联合招工招生方案，并签订校企联合现代学徒制人才培养合作协议。双方合作共同做好招生招工宣传相关工作，由学校主要负责招生工作，企业进行协助。学校负责教学方面的宣传（包含专业优势、师资力量、办学条件、学籍管理等），企业负责企业方面的宣传（包含企业文化、企业发展史、现代学徒制企业推进介绍、岗位介绍、企业工作环境及福利条件）。在新生报到两周内，合作企业与学生见面，开展现代学徒制报名确认工作。学生报名确认后学校再联合企业进行面试筛选，组建现代学徒制班级，采用“面试＋笔试”的方式遴选，其成绩按照5∶5核算，按照从高到低依次排序录取，如果总成绩相同，则面试成绩高者优先录取，录取人员体检合格后，列入现代学徒制班级名册，录取后的学生由学校、企业、学生及学生家长（监护人）签订现代学徒制三方协议书。现代学徒制班级学生拥有双重身份，既是学校的在籍学生，又是企业的准员工，由学校和企业共同管理和培养。3所试点院校均与合作企业联合招工招生。学生正式入学后，除了与校企签订三方协议外，还与企业师傅签订师带徒协议。

2. 深化工学结合人才培养模式改革

（1）校企共同建设基于工作内容的专业课程和基于工作过程的专业课程体系

在校企共同建设基于工作内容的专业课程和基于工作过程的专业课程体系方面，山东铝业职业学院、辽宁地质职业学院做得较全面。两校根据行业现代学徒制课程体系标准，构建“学校课程＋企业课程”的专业课程体系，以岗位育人为切入点，以培养就业竞争能力和职业发展能力为目标，依据职业能力要求，与企业专家共同制定课程标准；按照职业标准，将职业能力分解为若干个能力模块；结合生产任务和能力训练要求，开发相应的项目任务；制定融合职业标准和行业标准的能力训练模块考核标准、考核方法；编写适合在生产性实训基地开展教学的工学结合校本教材。校企共同建设“岗位能力与职业素质并重培养”的现代学徒制课程体系，开发基于岗位工作内容、融入国家职业资格标准的专业教学课程和教材。

（2）校企共同开发基于岗位工作内容、融入国家职业资格标准的专业教学内容和教材

试点牵头单位与有色金属行业职业技能鉴定指导中心联合出台了相关制度，把现代学徒制培养工作与国家职业资格证书挂钩。试点学校积极筹备基于岗位工作内容、融入国家职业资格标准的专业教材出版，其中辽宁地质工程职业学院工程测量技术专业已出版《矿山测量》《公路工程测量》等教材。

3. 加强专兼结合师资队伍建设

在现代学徒制双导师的选拔、培养、考核、激励、晋升制度方面，为规范试点院校双导师的选拔，牵头单位出台有色金属行业现代学徒制企业师傅（导师）聘用制度、有色金属行业现代学徒制企业师傅（导师）协议书、有色金属行业现代学徒制企业师傅（导师）工作考核表。试点院校根据自身需要配套制定了现代学徒制双导师选拔、培养、考核、激励、晋升制度，现代学徒制企业师傅（导师）选拔标准及工作职责等，同时将企业师傅（导师）的责任写入三方协议中。

校企共同制定了现代学徒制双导师双向挂职锻炼、横向联合技术研发、专业建设的激励制度和考核制度。为充分发挥现代学徒制试点工作合作企业高技能人才和专业技术人才技术和经验的“传、帮、带”作用，对合作院校学生进行学徒制“师带徒”培养，实现理论和实践的有效衔接，快速适应工作岗位要求，有色金属工业人才中心联合试点企业制定有色金属行业现代学徒制企业师傅考核办法，供各试点单位使用。考核办法后附上了现代学徒制人才培养学徒花名册（样表）、现代学徒制人才培养学徒岗位“师带徒”培养协议书（样本）、现代学徒制岗位“师带徒”培养（　）月份工作记录表（样表）、现代学徒制岗位“师带徒”培养（　）月份工作考核表（样表）、现代学徒制“企校双师带徒”培养期满考核表（样表）等材料，考核办法中明确了“师带徒”协议期间，师傅享受带徒津贴，津贴标准为400元/月，由各试点合作企业承担；学徒工资按用人单位薪酬分配办法兑现。在此基础上，山东铝业职业学院还制定了山东铝业职业学院现代学徒制校企人员互聘管理办法。

4. 形成与现代学徒制相适应的教学管理与运行机制

（1）探索现代学徒制教学管理制度

试点牵头单位有色金属工业人才中心从行业角度出发制定了有色金属行业现代学徒制企业资质标准、有色金属行业现代学徒制学生注册备案制度。各试点院校制定了现代学徒制教学与学徒管理办法。

（2）制定现代学徒制学分制管理办法和弹性学制管理办法

现代学徒制教学管理适合采用学分制、弹性学制作为教学管理手段，它的实施将涉及教学组织、课程设置师资配备、教学资源等方面的相互协调。为此，试点院校分别制定了辽宁地质工程职业学院现代学徒制学分制和弹性学制管理办法、山东铝业职业学院现代学徒制学分制和弹性学制管理办法。

(3) 完善现代学徒制学徒管理办法

山东铝业职业学院在已制定的学徒制管理办法基础上，继续细化，先后制定了现代学徒制学徒实习管理制度、现代学徒制学徒安全措施与违纪处理办法、现代学徒制管理督查办法、现代学徒制第三方评价考核办法，将学徒管理各方面工作规范化、制度化。

5. 探索校企协同育人机制

为规范校企协同育人工作内容，有色金属工业人才中心出台相关协议，督促3所院校与合作企业签订现代学徒制人才培养协议。协议将协同育人工作内容，对三方责、权、利，包括双导师比例、津贴，学生学徒期间保险、待遇、管理机制等进行了初步约定。为了完善协议内容，加强校企双方实习实训场所、实习岗位的共享、共建，行业补充制定了《有色金属行业校企实训基地共建管理办法》。

为了给试点院校提供校企共建人才培养成本分担依据，行业补充出台了相关建议书。建议书建议试点院校在校企协同育人成本分担工作上，从基金模式、抵扣模式、公益模式三种模式中选择一种，与合作企业协商确认现代学徒制试点工作中院校教师、企业师傅劳务兑现模式，在机制上明确成本分担，确保校企合作育人落到实处。

在校企共同制订专业教学标准、课程标准、岗位标准、企业师傅标准、质量监控标准方面，试点牵头单位有色金属工业人才中心出台了相关标准。其中，辽宁地质工程职业学院执行得较好，他们自行制定了配套的现代学徒制企业师傅（导师）标准、现代学徒制工程测量岗位标准、工程测量专业现代学徒制教学标准、现代学徒制核心专业课课程标准。

6. 完善人才培养制度和标准

3所试点院校的试点专业针对现代学徒制合作企业情况，分别对专业人才方案进行了修（制）订，形成了具有企业特色的人才培养方案。例如，白银矿冶职业技术学院现代学徒制工业分析技术（中职）专业人才培养方案中，在培养目标上明确了以下事项：试点专业面向西藏巨龙冶炼有限公司，按照“招工即招生、入企即入校、企校双师联合培养”为主的企业新型学徒制要求，培养能够拥护党的基本路线，具有与工业分析技术专业相适应的文化水平和良好职业道德，能胜任公司化学检验岗位工作的应用型中级技能人才；注重思想品德素质、科学文化素质、业务素质、心理素质和身体素质的全面培养，强化用科学思维方法分析问题、解决问题、自我获取知识和充分利用信息的能力以及开发创新的能力。人才培训方案中的职业面向、人才需求背景、岗位分析、课程设计均根据企业类型、生产实际进行了调整与设计，保证了人才培养规格与企业需求的契合。

3.3.2.3 面向第三产业的行业系统试点——中民民政职业能力建设中心案例

中民民政职业能力建设中心是从事民政行业职业技能培训、鉴定、竞赛、研究咨询和资料服务等工作的非营利性社会组织，是由民政部作为业务主管单位和登记管理机关的民办非企业单位法人组织。

1. 积极推进招生与招工一体化

（1）老年服务与管理专业创建学徒选拔模式，实现“招生即招工”

现代学徒制试点院校和养老机构对于学生学徒的培养常常会有不同的认识，学校主要倾向于通过现代学徒制实现校企深度合作，帮助解决老年服务与管理专业品牌塑造、企业实践型教师的聘用、院内教师培养、老年服务与管理专业学生就业等方面的问题；企业主要希望加大企业宣传，解决如何降低企业用人成本、如何增强学生岗位胜任力并减少培养周期、如何获得更优质的员工、如何减少员工流失率等问题。校企双方容易达成的共识是需要共同培养出优质人才。因此，需要创建严格有效的学徒选拔制度。从当前老年服务与管理专业招生现状来看，实现招生及招工有一定困难。针对这种情况，校企可通过“3+2”中高职衔接方式招生招工，尤其是高端技术技能人才贯通培养试验项目，可构建老年服务与管理专业人才培养“立交桥”选择对接养老产业发展的优势专业招收初中毕业生，这些学生在完成高中阶段基础文化课学习后，接受高等职业教育和本科专业教育，其中本科教育通过专升本转段录取，从而提升生源质量，缓解招生招工困难。

（2）推动学生双主体身份落地

依据现代学徒制的特点，采取双主体育人、双导师教学的人才培养模式。老年服务与管理专业2015级学生，在第五学期深入机构一线，以学生和学徒身份参加学习与工作。

2. 深化工学结合人才培养模式改革

（1）老年服务与管理专业工学结合课程体系

高等院校现有的人才培养方案多数是以学校为单主体制订的，与企业的真实需求存在差异。采用现代学徒制后，办学主体是双主体，即学校和企业。因此，学校应加强与企业的联系，根据企业或行业需求，共同制订人才培养方案，保证将来毕业的学生符合企业对人才的需求。

在现代学徒制中，学生的学习是校内学习和企业实践的有机结合。现代学徒制人才培养模式改革的重点是构建适合现代学徒制的课程体系，该课程体系要在高等教育性与职业性、针对性与通用性、现实性与发展性之间寻求平衡，课程体系构建既要以企业的人才需求岗位标准所涉及的知识、技能、素养和典型职业活动为中心，又要兼顾行业、社会的普遍要求，考虑学生可持续发展和终身职业发展的要求，培养学生的综合素质。在此基础上，校企双方共同构建了基于现代学徒制的专业课程体系。该课程体系既满足了对专业技能人才的需求，又满足了学徒的兴趣和职业取向，使培养的学徒具备可持续发展能力。

现代学徒制人才培养模式能够较为准确地把握养老机构的需求，确定老年服务与管理专业的人才培养规格，制订出符合实际的人才培养方案，能够充分利用养老机构的教育资源，有利于提升学生的综合素质。让学生在养老机构接受人文环境的熏陶，学会做人、做事，有助于培养学生解决问题的能力、创新能力和创业精神；养老机构在参与专业建设教学全过程中，既了解了学生的成长和学业状况，也对学生进行了全面的素质考核，为毕业生的就业创造了良好的条件。

（2）婚庆专业开展师徒配对工作，实施职业资格证书培训和取证工作，形成“平台＋模块”的课程结构体系

依据现代学徒制的特点，婚庆专业采取双主体育人、双导师教学的人才培养模式。针对婚礼主持方向和婚礼影像方向的学生，按照一个师傅带两个学生的方式，完成师徒配对。实施双场景教学，周末由师傅带学生到婚礼现场进行现场教学。

试点院校完成婚礼主持方向和婚礼影像方向核心课程体系建设和课程标准建设，每个方向选择四门课程，完成课程标准课程设计和信息化教学方案。根据婚庆行业对专业人才的需求，将婚庆专业分为三个专业方向模块，并开设三个专业方向的模块核心课程，完善婚庆专业现代学徒制人才培养方案，并组织实施。

试点院校组织学生参加香港婚礼管理学会“国际认可婚礼策划师职业资格证书”培训和考核，将该专业开设的“婚礼策划实务”课程与职业资格证书内容相衔接，实现课证合一，达到学生的岗位技能考评和职业资格证书考证相结合。

3. 加强专兼结合师资队伍建设

(1) 老年服务与管理专业"双导师"选拔、培育机制

老年服务与管理专业教师的专业水平和职业素质是决定人才培育优劣的主要因素。老年服务与管理专业应制定严格的教师准入标准，校内教师应取得硕士以上学历并获得职业教育的相关资格，有一定的理论教学或实习教学经验，有多年在养老机构或医院工作、实践的经验，掌握一定的教学方法，具有培养学生成才的能力。如德国要求职业教育教师具备专业理论知识、教育学知识和专业技能，必须有在企业工作的经验，还需具备相应的社会能力。养老机构内师傅的选拔，可以通过行业主管部门引导学校招聘、企业推荐、实习生推荐等多种形式，将那些吃苦耐劳、爱岗敬业、作风正派的能工巧匠、业务骨干等纳入师傅资源库。

制定师傅的考核管理办法，通过物质或精神方面的奖励去激励师傅努力工作；加强学校教师和企业师傅之间、师傅和学徒之间的交流和沟通，使师带徒工作成为企业工作的一部分，为师傅开展工作创造良好环境，及时调整、纠正现代学徒制实施中的错误或不恰当的地方。政府和企业应加大资金保障力度，对取得资格证书并从事职业教育的优秀企业人才给予相应的政策优惠和经济报酬，以良好的待遇吸引企业的优秀人才投身于职业教育事业。

自身素质和水平是决定职业教育质量的关键因素。学校和企业应严格执行教师资格准入制度，联合对教师资格的认定进行考评和审核。建立健全"双导师"师资队伍，整个师资体系可分为基础课程教师、专业理论课教师和专业实践课教师三大类，其中基础课程教师和专业理论课教师由学校专职教师担任，专职教师原则上要求具备硕士以上学历并具有丰富的专业知识和教育学知识，有过在养老机构工作或实习的经历，通过国家考试并取得相应的证书（养老护理员职业考评员、高级养老护理员等职业资格证书和教师资格证书）。而专业实践课教师则由养老机构导师担任，养老机构导师主要来自一线养护人员与管理人员，并经过专门的教育学培训，掌握教学方法，同时通过考试取得相应的资格证书（养老技师资格证书）。这样，校企融合的"双导师"师资队伍才能将理论与实践结合，培养出高质量的技术技能人才。

随着养老市场的全面开放，养老服务业范围将全方位开疆拓土，新兴领域需要"双导师"不断地更新专业知识、提高技能水平，"双导师"的在职培训和继续教育必不可少。老年服务与管理专业院校要与相关机构联手合作，制定师资在职培训规划和考核标准。在职培训既包括新进教师的进修实习，

也包括老教师的继续教育。

老年服务与管理专业教师应在完成教学任务之余，通过进入机构实践，与行业专家交流或外出参加与教学专业相关的培训、会议等方式接受继续教育。为了保证每位教师都有机会进修，学校、机构、政府相关部门可以统筹安排，确保教师进修的充足时间和资金支持，并应对教师培训的效果进行考核和评估。同时，教师在承担教学任务的同时，应以职业人的身份进入专业指导委员会，经常参加相关专业的职业活动和研究讨论，从而及时获取新的技能和信息，把握其教学专业的发展方向和发展前景。

（2）现代殡葬技术与管理专业构建“生命导师 + 行业导师”双导师育人机制

现代殡葬技术与管理专业通过构建“生命导师 + 行业导师”双导师育人机制，建立现代学徒制合作模式，努力实现工学结合的无缝对接；加强校内实践指导教师的培训，加大校际交流，跟踪考察校外顶岗实习效果，提高实验实训质量；整体提高人才培养质量，结合产业背景、行业属性和办学特色，制订学生发展规划，聘请企业业务骨干，负责实习、实训课程的教学。各实训基地运行正常，每年安排认知实习、清明实习、顶岗实习，工作顺利开展。

在生命导师的培养方面，建立“四有好教师”的双导师师资队伍，打造创新型教师团队，采取集中面授与网络研修相结合的方式对团队教师进行专项培训，研究专业教学法、课程开发与应用、技术技能实训、教学实践与演练等，提升教师“三化”水平，双师型教师比例达到 100%，教师专业水平与实践能力显著提升，团队的行业影响力显著增强。选派团队教师积极参加国家、省级骨干教师培训；选派教师出国培训，参加国际研讨，拓展教师的国际化视野。

在企业导师的选拔、培养方面，以行业大师为行业导师的主体，同时由殡葬单位推荐选拔行业企业专家、高技能人才和社会能工巧匠等担任学生行业导师，实施学校与企业管理人员双向挂职锻炼，以提高行业导师的理论水平和教学水平。建立健全绩效考核制度，建立实习师傅人才库和考评员人才库，评选并奖励优秀实习指导教师和师傅，保障现代学徒制产教融合的工作质量。

3.3.3　以企业为主导的试点案例分析

3.3.3.1　面向国企的企业试点——济南二机床集团有限公司案例

济南二机床集团有限公司始建于 1937 年，企业性质为国有独资，是国内机床行业重点骨干企业、国家高新技术企业，建厂80多年来，先后研制出中国第一台龙门刨床、中国第一台机械压力机，被誉为“龙门刨的故乡”“机械压力机的摇篮”，为中国汽车工业从卡车向轿车时代跨越发展做出了突出贡献，被誉为“中国汽车工业的装备部”。同时，济南二机床集团有限公司是人力资源和社会保障部与山东省人力资源和社会保障厅批准设立的国家高级技能人才培训基地、山东省金蓝领培训基地。近几年来，先后与济南职业学院、山东职业学院等国内多家重点高等院校及高职院校，在机械、电气、数控、焊接等专业领域的人才培养与就业方面开展深层合作，探索高技能人才培养新模式，并建立了良好的校企合作关系。

1. 积极推进招生与招工一体化

2011年，教育部鼓励职业学校和企业联合开展先招工、后入学的现代学徒制试点工作，济南二机床集团有限公司与济南职业学院适时成立校企合作理事会，确定在机电一体化技术专业三年级学生中选拔实施基于订单班的学徒制培养，双方进入全方位、多层面的合作新阶段。2012年7月，经过多次调研、商讨与论证，校企双方完成了现代学徒制试点岗位教学实施方案的制订，并于2012年、2013年连续两年，联合招收了高端数控设备安调方向机械、电气两个专业的订单班共计42人，在探索高技能人才订单制培养的道路上迈出了新的一步，并积累了许多成功的经验。2015年，根据《教育部关于开展现代学徒制试点工作的意见》，教育部组织在全国范围内开展现代学徒制试点工作。济南二机床集团有限公司与济南职业学院强强联合，深度合作，成功申报为教育部现代学徒制首批试点单位，对现代学徒制人才培养模式展开了积极、有益、有效的探索。

2. 深化工学结合人才培养模式改革

（1）切入时机正当时

针对企业国际化高端发展对高技能人才的需求、院校人才培养模式的创新与探索、学生自身职业素养提升与个人就业发展的需求，校企双方顺应企业、学校和学生三方的需求，开展现代学徒制的探索。

（2）企业、学校优势突出

技术密集型产品优势有：产品高端、自主知识产权、技术领先；产品门类多、分布广，国内、国外市场占有率高；单件小批量生产组织形式，集加工、装配、自动控制于一体。在此条件下实施现代学徒制人才培养，能较好满足装备制造业的需求。

（3）得天独厚的办学优势

济南二机床集团有限公司设有技工学校，办学65年，一直致力于学徒培养和双元制、双主体育人模式。合作院校办学历史悠久，名校优势和作用突出。双方联合教学管理和项目实施实现无缝对接，沟通顺畅，执行有力。

（4）双方领导高度重视

企业高层深知装备制造业发展离不开高技能人才的支撑，校企双方也深知高楼大厦、学校教室里培养不出机械装备制造业所需要的高技能人才。基于此共识，2011年，校企双方成立校企合作理事会，从机制上促进校企合作深度融合，依托济南二机床集团有限公司在数控冲压装备制造商中的领军地位和在行业中的领导地位，服务于面向中国制造2025数控机床产业发展的人才需求，继续探索校企合作新形式现代学徒制试点，构建新型人才培养模式。

3. 加强专兼结合师资队伍建设

企业具有师资优势，企业有在岗技术工人3600多人，具备大专以上学历的占比70%以上，具备技师高级技师职业资格的有1400余人，具有省级以上荣誉称号的有60余人；在深厚的企业文化的熏陶和渗透下，学徒将匠心、精心、创新、革新的理念内化于心，自觉习惯企业高技能人才和专家型人才参与指导，这对学徒技能的快速提升和工匠精神的传承起到了不可或缺的关键作用。

4. 形成与现代学徒制相适应的教学管理与运行机制

在企业建立学生实习实训基地，推动人力资源、科技资源和创新资源向企业聚拢，促进企业自主创新；引导院校面向产业、企业需求调整院校专业结构和课程设置，提升学生职业素养，增进学生对专业和企业的认同感，提高就业率和就业质量，吸纳院校学生向企业聚集，促进经济发展。

（1）企业建学校，教室进车间

学徒培养除了培养学徒的技术技能外，关键还要培养他们学习、工作的态度，即匠心，而这种匠心只有在真实的产品生产条件下才能实现潜移默化、点滴积累。公司下属的高级技校内设有相对独立的“厂中校”实训场地，专门用于学徒技能训练，实训设备完全按公司生产车间模板配置，配备机电一体化专业群各岗位设备80余台，严格按照生产组织流程管理，以产品订单配套按期保质实施实训教学，让学生在真实的工厂环境接受技能训练。

根据机电一体化专业岗位群的工作内容，济南二机床集团有限公司分别在数控小件加工、中件加工、大件加工、精密件加工以及数控产品部件装配、管线装配和总装配等作业车间建设8个实训基地，由生产安全部在实训基地适当位置规划出隔离墙作为学员休息室及专用教室，由专业技术老师岗前班后授课、答疑和指导学员岗位技术标准、工作标准的学习，真正把教室搬进工厂，让学生感受企业的真实环境，学习先进设施和设备的操作。

（2）规范企业实训基地实训制度

健全组织管理体系，设立并健全三级学徒实训管理机构，企业人力资源部门、企业二级单位（技工学校）、三级单位（实习车间）共同负责对学徒学生的日常管理。明确组织机构岗位职责和任务，配备相应的专兼职管理人员，将学生实训纳入各单位年度培训计划，并与考核挂钩。

健全各项规章制度，建立完善配套的实训制度，确保每项实训工作和实训环节都有章可循，保障企业、院校、学生三方的合法权益。制定实训基地学生实习管理制度、实训指导教师聘用和管理制度；建立健全实训流程管理，建立并完善现代学徒制教学效果反馈月度例会制度、企业岗位课程考核评价制度，企业岗位课程多方评价及质量监控制度、现代学徒制人才培养质量评价制度，初步建立数控机床行业学徒相关管理办法等十二项制度和相关文件、考核记录表格并组织实施。

（3）制定企业实训标准（2018年年底，逐年实施）

企业实训标准是开展实训工作的目标和考核依据，实训管理师结合企业实训岗位职责、技术标准、工作标准，按照学生专业及分阶段实习课题不同，制定并完善相对应的企业实训标准，如机械测量检验岗位标准、车床（数控车）岗位标准、铣床（数控铣）岗位标准、数控镗铣床岗位标准、部件装配岗位标准、管线（管路和电线）布置岗位标准、总装岗位标准等，经合作院校审核后予以实施。

5. 探索校企协同育人机制

实行深度产教融合的学校、企业“双主体”育人机制，结合“3 + 2”分段阶梯培养的构想，按照“2111 + X”的人才培养方案，遵循基本技能、单项技能、综合技能、创新技能的职业技能训练规律，将工匠精神、“十大意识”、技术技能点融入各个教学层，构建理论知识紧扣操作技能、知识技能与职业素养并重、逐渐深入、层层递进的理论教学体系，构建以岗位教学为核心，认识岗位、模拟岗位、企业实践岗位的三阶段实践教学体系，按照“学生、学徒、准员工、员工”四位一体的要求培养满足企业要求的高技能人才，探索、建立、完善现代学徒制人才培养模式。

济南二机床集团有限公司与济南职业学院的校企合作理事会，针对新的现代学徒制试点工作，在产教深度融合、“双主体”协同育人的人才培养全过程中，制定相关协调和运行机制，明确校企双方职责、分工，确保试点工作高效有序进行。签订校企现代学徒制协议，制定校企联盟战略合作协议和四条协议内容细则条款；共创校企一体化人才培养新模式合作细则；共建“双师型”教师培训基地合作细则；共建校企工程研发中心合作细则；共建新旧动能转换实训基地合作细则。企业与学校联合招生、联合培养，并将学徒按准员工进行培养，安排专门机构和专职教师进行管理，结合人才培养方案和专业群岗位分工及职业标准组织实训，每个岗位选拔责任心强、职业素养高、专业技能为技师以上的师傅进行口传心授的学徒培养、考核，将企业文化融入学生血液，将学徒身份内置于学生心中，使学生尊重师傅，热爱工作。

6. 完善人才培养制度和标准

校企双方根据技术技能人才成长规律和工作岗位的实际需要，共同设计人才培养方案，开发基于工作内容的理论课程、企业实训课程，进行配套教材（车工、钳工基础实训指导书，产品阶段实训指导书，机电一体化岗位群设备操作规程，机电一体化岗位群安全操作规程等）的设计，开展教学实施，组织考核评价，实现教学过程与生产过程对接。在教学培养中校企双方专家一起讨论，共同参与，提高各个环节的针对性与实用性，形成可参考借鉴的培养流程及标准，制订现代学徒制人才培养方案。

3.3.3.2 面向外企的企业试点——博世汽车部件（长沙）有限公司案例

博世汽车部件（长沙）有限公司牵头申报了“基于德国双元制的现代学徒制企校协同育人机制探索与实践”项目，该公司于2015年8月被教育部立项为职业教育现代学徒制试点，其项目建设方案和任务书经过修改和完善，于2016年7月通过教育部专家组论证。建设期间，按照职业教育现代学徒制试点项目要求，有序推进各项建设内容，严格规范资金的使用，实行项目年度检查和绩效考核制度，及时对外输出经验和成果。经过3年的建设，该公司与合作单位共同构建了“人才培养与员工培训共同体”，完善了联合招生共同培养的企校深度合作长效运行机制，实施了企校“分段育人”工学结合人才培养模式，创新了以企业为主导的现代学徒制人才培养管理机制，共建共享了互惠互利实训基地，打造了第三方（AHK，即德国工商大会大中华区）参与质量监控与评价的现代学徒制人才培养质量监控体系。

1. 积极推进招生与招工一体化

依托共同体平台，严把“三关”，实现“招生—招工—就业”一体化。第一是解决好生源关。现代学徒制订单班组建前，由公司人力资源部统计各用人部门用工需求，制订岗位用人需求计划。合作学校根据企业用人需求情况，制订相应专业招生计划，确保有足够的生源以选拔学徒。校企共同做好招生招工宣传相关工作，学校负责专业优势、师资力量、办学条件等方面的宣传，企业负责企业文化、企业发展史、现代学徒制推进介绍、岗位介绍、企业工作环境及福利条件等方面的宣传。通过合理规划，既有效解决生源问题，又可确保学生毕业时有足够的岗位。第二是把好学徒选拔关。在新生完成军训后，校企开始在对口专业中展开现代学徒制报名工作，学生经家长同意后报名。学徒招收录取工作包括面试和笔试，笔试由企业人力资源部门根据岗位用人需求，编制测试试卷进行考核。面试时企业各用人部门负责人全程参与，挑选心仪学徒。录取人员体检合格后，公司、学校与学生签订职业培训协议，明确学徒“学生”和“企业准员工”的双重身份。第三是多方参与，共助学员渡过岗位职业能力关。在学员培养过程中，引入德国联邦教育及研究部（BMBF）职业教育大纲和德国工商总会（DIHK）国际职业资格认证标准，由企业、学校共同制订与国际职业教育接轨的、符合我国国情的现代学徒制人才培养方案，企业用人部门全程参与，认证机构监控评价，多方共同努力，培养学员岗位职业能力以达到用人部门岗位需求。在学徒制培养的第 3 年，用人部门和学员双向选择，学员到用人部门对应岗位顶岗实习。实习期满后，双方满意，可签订正式的就业协议。建设期间，校企共建了 2015 级、2016 级、2017 级现代学徒制班级，招收了 79 名学徒。已参加 AHK 职业资格认证考试的学徒，全部获取了证书。学徒在公司工作成绩突出，70% 以上已成为关键岗位、关键工序的技术骨干，10% 以上已晋升为生产工程师和中层管理人员，受到公司各级各部门领导和同事的高度评价。

2. 深化工学结合人才培养模式改革

引入 AHK 职业资格认证标准，全面推进现代学徒制人才培养模式改革。为培养满足公司用人部门要求的高素质技术技能人才、全面提高学徒综合素质和可持续发展能力，公司、合作学校、认证机构三方共同制订了现代学徒制人才培养实施方案，形成了校企共同培养、多元参与评价的教学运行与质量监控体系。

引入 BMBF 和 DIHK 颁布的职业教育大纲，构建了适应企业人才需求的校企“分段育人”工学结合人才培养模式。2017级人才培养方案中，第1学年，学徒在合作学校进行37周的专业基本知识和基本技能学习，然后到学徒培训中心进行9周的实践教学；第2学年，学徒先在合作学校学习12周，然后到学徒培训中心进行10周的实践教学，再返回校内继续学习16周，最后在学徒培训中心进行5周的综合技能实训；第3学年，学徒在公司各部门进行轮岗实习和顶岗实习，其间完成AHK培训与职业资格认证考试。

根据现代学徒制人才培养目标，对接工作岗位，坚持以学徒为主体、能力为本位的思想，博世汽车部件（长沙）有限公司组建了由企业技术专家、学校骨干教师组成的课程开发团队。以工作过程为导向，以典型工作任务分析为基础，依据AHK职业资格认证标准和学生持续发展需要，结合学徒的知识基础和技能水平，重构了现代学徒制人才培养模块化课程体系。根据认知规律和教学规律，课程开发团队把企业的实际工作项目、国际认证考试项目、专业积累的工学结合教学项目三类项目进行改编，并重新进行排列组合，形成了一个以企业项目为主线、专业教学项目为辅助、认证考试项目为阶段性考核点的课程教学项目载体。课程教学团队以AHK职业资格认证考核体系为参照系，开发技能训练课程。将气动马达制作、材料分拣传输带制作、机械手制作等认证考试项目作为课程教学项目载体融入了课程教学，把AHK职业资格认证标准“嵌入”课程体系，把职业素养、企业文化“嵌入”课程内容，把职业岗位能力要素“嵌入”教学过程，确保了学徒技能水平达到国际认证的标准。强化了轮岗顶岗实践的管理，规范了企业认知实习、生产性实训、轮岗顶岗实训三个环节的具体实施细则，完善了“顶岗实习考核标准”，对轮岗顶岗实习实施了“五定”管理，即定标准、定岗位、定老师、定考核、定反馈，方便了学校和企业及时掌握学徒顶岗实习的学习与心理动态，更好地进行信息交流和顶岗实习管理。

建设期内，校企联合编制了适应现代学徒制人才培养的机电一体化技术专业教学标准、岗位标准、企业师傅标准、质量监控标准。收集整理了AHK职业资格认证标准，共建了优质核心课程5门，形成了配套课程标准、课程考核标准等教学文件，共同开发了工学结合教材3本。

3. 加强专兼结合师资队伍建设

强化“双导师”团队建设机制，互补优化教学团队结构。为加强现代学徒制人才培养师资力量，校企双方采取重点培养与整体提升相结合的方式，全面提高了团队整体素质。制定了双导师选拔制度、双导师培训与管理办法、双导师考核办法，明确了导师的职责和待遇。校企加强双边联系，实施师资互派和双向挂职制度。近年来，公司派驻了 6 名技术骨干担任合作院校的兼职教师，合作院校输送了 9 名专任教师担任公司培训师。

为了促进双导师的能力提升，公司组织合作院校教师到德国、新加坡等地交流学习，以及国内培训、企业顶岗实践等方式，全面提升教师的教学、科研能力；邀请国际知名职业教育专家为学院老师提供双元制教师培训，包括博世生产管理体系、德国双元制培训师培训、生产线顶岗培训等内容，培养了 6 名企业培训导师，且有 32 名合作院校教师获得双元制培训师证书；公司和院校导师共同承担公司或面向行业的新技术、新工艺、新产品的研究开发、试制推广、教学培训等横向联合技术研发项目。

4. 形成与现代学徒制相适应的教学管理与运行机制

（1）健全现代学徒制教育教学质量管理体制，构建持续改进的质量保障体系。公司和合作学校同为人才培养主体单位，各自承担了一定的教学、培训任务，教学地点交叉变化、师资交叉互派。为此校企双方进一步完善了学分制实施办法，健全了学分制、校企学分互认等制度，制定了学徒学分奖励办法，促进了学徒个性化发展，健全了教育教学质量监控和反馈机制。

（2）建立了 AHK 参与的第三方评价机制。校企导师团队与 AHK 共同确定评价要素，合作建立科学评价指标，分时段收集核心课程有效性、学徒评价、学徒满意度等信息，科学客观地进行数据的调查回收和各项指标计算。根据调查分析结果，结合实际情况，提出现代学徒制教学改革建议。公司用人部门的专家以及 AHK 专家不定期对培训效果进行考核，并且通过“联席会议”及时对教学、培训成果进行总结反馈。同时双方分别委派专人对学徒的学习过程进行监控管理。学徒在校学习期间，企业专人（企业班主任）到学校协助校内教师（专职辅导员）进行学徒管理。学徒在企业培训期间，学校教师跟随学徒到企业，在管理学徒的同时，自身的专业技能得到了培训和提高。

（3）改革了课程考核与评价体系。全面推进形成性评价，以学徒完成项目质量为主体，将职业道德、工作责任心、团队协作、遵章守纪等纳入评价范围，采用笔试、口试、操作相结合的评价方式，所有考核均采取导师评价、学徒自评、互评相结合方式。

建设期间，合作学校近 2600 名学生受益，学生职业能力显著提升。合作学校学生参加各项技能竞赛获国家级一等奖 2 项、二等奖 4 项，省级一等奖 2

项、二等奖 9 项、三等奖 11 项。学生就业率达 98.5%，对口就业率达 90%，毕业生受到用人单位好评。

5. 探索校企协同育人机制

以互惠互利作为驱动力，按照现代企业车间建设标准，校企共建实训基地。引入公司管理理念、管理方法，校企专家共同构建实践教学体系、开发生产性实训项目、制定实训操作规程，完善实训基地设备管理办法、实训教学组织管理细则等制度，最大限度地发挥了实训基地的作用，既满足学徒学习、培训的要求，又为企业提供产品开发和产品生产服务，同时满足了 AHK 职业资格认证的需求。企业自主投入资金 300 万元建立了学徒培训中心，根据需要为现代学徒制人才培养提供教学所需的技术设备，并配备由企业人力资源专家、技术专家构成的教学团队。通过学徒培训中心的建立，为学徒进行企业实践培训提供合适场所培训车间，建立了属于现代学徒制人才培养的“厂中校”。校企共同制定了实训室的相关管理制度、布局标准等，形成了机械教室、电气教室、学徒培训教室三种实训室检查记录制度，进一步加强了中心的规范化管理。

为适应现代学徒制人才培养“分段育人”的需要，公司与合作院校开展了“校中厂”建设项目，先后捐赠价值 42.3 万元的气动实训装置 8 台，并与湖南工业职业技术学院共建了“博世气动实训室”。随着智能制造发展的需要，由合作院校湖南工业职业技术学院自主投入 180 多万元与公司共建了“工业机器人技术中心”，引入企业文化和安全生产、品质管理等企业标准，按照公司的管理理念、管理方法开展对“校中厂”的运行与管理。建设期内，校企共同开发实践项目 20 余个，开展企业新进员工培训、学生职业资格证培训、高职“双师型国家级培训等 1.21 万人次，完成技术服务项目 8 项。

6. 完善人才培养制度和标准

基于“工作间”理念建设的学徒培训中心，在有效保障训练项目实施以及学徒培养期间，高质量的培训项目的实施是学徒专业技能培养的关键，BMBF 和 DIHK 颁布的职业教育大纲对学徒培养项目的实施有严格的规定。虽然学校有完备的实训体系，但实训基地构建的理念很难满足项目的实施。比如，学徒培养中用到的典型项目——机械手的装配项目，在实施时要求学徒完成材料订购、机械加工、机械装配、电气装配、机电联调、产品交付等环节。如果放在学校实施，由于制度的原因，不可能让学徒自己进行材料订购，学校的机械加工、机械装配、电气装配也往往分别设置成单独的实训室，不利于项目的开展。如果放在企业实施，企业的生产现场虽然有大量先进的设备，但往往不适合培训，而且企业不允许为了培养学徒而影响正常的生产。为解决上述问题，博世汽车部件（长沙）有限公司投入300万元，基于“工作间”的理念，建设了学徒培训中心。在学徒培训中心，学徒可以向供应商订购材料，完成机械加工、机械装配、电气装配、机电联调的全部环节，还可以把一些成熟的作品交付给客户（各生产部门）。目前，学徒培训中心已经成为项目实施、AHK认证的中心，甚至成为生产现场技术改进的基地。不少学徒在顶岗实习期间甚至毕业之后，把生产现场的一些改进项目拿到学徒培训中心来完成，有效解决了生产过程中的技术问题。据不完全统计，近年来学徒通过学徒培训中心，在导师指导下，参与5个生产部门的20多条生产线的TPM（全员生产维护）、安装调试等工作，使自己的实践技能得到锻炼，也为企业节约了生产成本。

3.3.4 以职业院校为主导的试点案例分析

3.3.4.1 面向高职的职业院校试点——河北建材职业技术学院案例

河北建材职业技术学院是经河北省人民政府批准、教育部备案、全国唯一以“建材”命名的高等职业技术学院，被国家劳动和社会保障部（现为人力资源和社会保障部）评为“创新能力培训实验学校”，是教育部全国建材职业教育教学指导委员会副主任单位、河北省建材职业教育集团牵头单位，是河北省建材工业协会副会长单位、河北省硅酸盐学会副理事长单位。

学院坚持以立德树人为根本，以服务为宗旨，以就业为导向，走产学研结合的发展道路，立足河北，面向全国，立足建材，服务社会，培养具有敬业精神和创新能力的高素质技术技能人才。学院建有国家财政支持的建筑装饰材料检测实训基地，建有国家建材行业职业技能鉴定站，建有八大校内实训中心和85个实训室，建有京东、长城汽车等校外实训基地99个。

经过多年校企合作的实践，在完善校企合作运行机制、教学管理、学生管理及校企生三方资、权、利等方面，学院和企业都逐步形成了一套可行的规章制度作为保障，学院以此为基础开展现代学徒制试点工作，合作企业对学院发展提供支持，学院为合作企业的发展不断输入“新鲜血液”。

学院以新型建筑材料技术专业、通信技术专业等为主要试点专业，探索建立试点专业的校企联合招生、联合培养、一体化育人的长效机制，完善学徒培养的教学文件、管理制度，建设人才培养、过程管理、效果评价的标准体系，推进专兼结合、校企互聘互用的“双师型”师资队伍建设。

1. 积极推进招生与招工一体化

（1）新型建筑材料技术专业实现招生招工一体化

以教育部颁发的《教育部关于开展现代学徒制试点工作的意见》为指导，2014 年 9 月，学院制定了《河北建材职业技术学院推进现代学徒制实施意见》，在现代学徒制招生招工的具体实施过程中，秉持“招生即招工，入校即入厂，校企联合培养”及“三双一全”的原则，依据校企双方实际情况与需求，开展全方位的深入合作。

首先，在招生宣传方面，该专业与合作企业共同开展“招生即招工”的政策宣传工作，其中以专业优势、课程设置、师资力量、教学环境等为主要内容的教学方面的宣传以学院为主，以企业文化、岗位介绍、工作环境和就业保障待遇等为主要内容的企业宣传由企业负责。2016 年，在全国各生源省份的《招生报考志愿手册》上，学院首次将新型建筑材料技术专业标注为教育部现代学徒制试点专业。

其次，在招生考试及录取期间，根据各生源省份招生政策的有关要求和规定，采取分类考试的方式进行选拔录取。对参加河北省单独招生考试的学生，采用“文化水平考试 + 人文素质测试 + 专业基本素质（或专业潜质）测试 + 职业能力测试”的选拔方式，测试人员由校企双方共同组成，即学院主考文化水平考试和人文素质测试，合作企业按照招工标准主考专业基本素质测试和职业能力测试；对参加全国统考秋季入学的学生，在录取过程中，向学生介绍现代学徒制有关政策和专业，入学报到后，再由校企双方共同组织进行“职业能力测试”，对不合格的学生，学院将进行相关或相近专业调整。

最后，为顺利实现招生即招工，进一步完善招生招工一体化，顺利实现“三双一全”的第一“双”，即“双身份”，该专业与合作企业根据各种测试成绩综合排名，最终择优选择 20 名学生组建新型建筑材料技术专业第一批现代学徒制试点班，并在学生同意的情况下，学院、企业、学生及学生家长（监护人）共同签订招生、招工一体化协议书，并向企业师傅“拜师”，实现“一对一”对接，现代学徒制班级学生拥有学院在籍学生和企业学徒双重身份。

（2）通信技术专业校企联动，招生招工一体化

校企共担，制定招生招工标准、规范。以企业实际岗位为核心，校企通力合作，制订通信技术专业招生招工一体化工作方案，形成以学院和企业为

双主体的招生招工模式。成立招生招工工作领导小组，规范招生招工流程，共同制定招生招工工作标准，出台校企联合招生招工具体实施方案。招生招工工作领导小组由系主任、企业总经理担任组长，系副主任、企业人力资源部长担任副组长，成员由校企双方相关部门人员构成。

学生进入“学徒班”后，学生与学校、企业签订三方协议。学生进入企业后，企业为学生指定企业师傅并举行拜师仪式，确定学生的学徒身份。学生在校学习接受学院的管理，也享受企业免费岗前技术培训、证书考取、顶岗实习工资以及相关保险等待遇。

以生为本，固守学生（学徒）权益保障，按照学院与企业共同签订的通信技术专业现代学徒制试点校企合作协议相关条款，学院出台了保障学生（学徒）权益保证制度。为了保证报考学生、家长知情权，招生工作领导小组在认真做好现代学徒制专业招生宣传工作的同时，让考生、家长充分了解现代学徒制专业国家政策、专业建设情况、校企共同育人等相关方面的知识。校企双方共同制定相关人才培养制度和质量监控办法，具体明确学生（学徒）培养方案、岗前培训、顶岗实习待遇、生活等问题，最大限度地保障学生在校学习、顶岗实习等各环节的基本权益。

2. 深化工学结合人才培养模式改革

学院在人才培养过程中始终以学生为中心，以就业为导向，开展了以“学生中心、能力导向、多元参与”为核心的教学改革。教学改革由校企（联盟）专家共同参与，以岗位要求为起点，由岗位决定能力要求，能力要求决定培养目标，培养目标决定就业要求，就业要求决定课程体系，最后课程体系决定能力要求，形成一个闭环系统。

以行动为导向优化教学过程，以学生为主体建构终身学习和持续发展教育观。在核心课程课堂教学过程中，教师采用“九化归一化”的学习模式强调学徒自主学习，教师退出主角位置，但实时控制整个教学环节。这一改革使学生从传统的“受教育者”变为“自我教育者”，而企业师傅则由“传授者”变为“引导者”，是学生学习专业课程过程中的组织者和协调人，使传统的“教学”向“学习”转变，让学生在自主学习、互助学习的过程中建构自己的知识体系，形成自己的经验，掌握终身学习的本领，从而使学生在完成学业后的职业生涯中具有可持续发展的能力，最为关键的是在自主学习中培养了学生的适应能力，决策能力，沟通协调能力，抗挫折能力，分析问题、解决问题的能力等综合能力。

“学徒班”每学期进行8周的实习实训，学生与师傅直接对接，学生以学徒的身份零距离连接企业的生产工艺，在师傅“手把手”教授过程中，近距离学习建材生产工艺流程和工程检测项目，学生对将来岗位有了更为清晰的认知。校企双方以完成任务工单为载体实现课程预期的目标，按照建材行业主要领域划分课程模块和实训教学单元，进行课程教学设计，并根据新型建材行业对从业人员的知识、技能和素质要求，参照国家职业标准，来设计学习任务，以学习任务引领教学，按照七步学习法组织教学环节：①布置任务、问题引入（下课前或课下）；②自愿结组、明确分工（课下进行）；③收集信息、轻重取舍（课下进行）；④梳理整理、完成任务（课下进行）；⑤小组汇报、学生互评；⑥教师点评、难点释疑；⑦归纳总结、重点强化。同时，注重过程性考核，加强教学过程管理，反馈学习信息，科学评测学生学习效果，促进学生自主学习，提高学生综合素质和职业能力，从而实现课程预期的效果。

在教学过程中，校企双方始终把企业文化、生产流程以及操作规范等图文、图表等资料布置在班级教室、实训室等教学环境中，让学生无论是在课堂，还是在校内实训环境中，都时刻受到企业文化的熏陶。为增强“学徒班”学生的职业认同感，在日常学生管理中，“学徒班”将企业文化元素植入班级管理，在班级取消了通常的班委等传统组织机构，按照企业管理要求，将“学徒班”按照企业工作任务分成了若干个工作组，实施目标管理、绩效管理等，在班级中形成“事事有人做、人人有事做”的局面。每项学习任务都设置任务表，促使学生形成小组化学习形式，将专业学习作为提升自身素质的重要途径，形成了“教师教学生学、企业师傅带学生学、工作任务促学生学、管理小组督学生学”的自主学习、互助学习的氛围。

3. 加强专兼结合师资队伍建设

为进一步完善和加强现代学徒制试点工作，该专业与合作企业共同组建了一支理论与实践并重、教师与师傅优势互补、年龄结构合理的现代学徒制“双师型”教师队伍。校企双方制定了现代学徒制双导师管理办法，建立健全双导师的选拔、培养、考核、激励制度，组织专业教师深入企业进行实践，熟悉企业工作流程、岗位操作，并邀请企业技术人员对学院教师进行业务培训，提高教师实践技能。同时，邀请教育部现代学徒制专家学者为学院教师进行培训，学习现代学徒制相关政策、文件、成功案例。企业选拔师傅到学院任教，承担部分专业课程授课任务，了解学院教育教学体系，并将师傅承担的教学任务纳入“学徒班”的学业考核。

学院多名专业教师深入企业实践锻炼，并取得了相应岗位的资格证书或上岗证书。同时，学院将现代学徒制指导教师的企业实践和技术服务纳入教师考核并作为晋升专业技术职务的重要依据，进一步完善了双导师制度，形成专兼结合、校企互聘互用的长效机制。目前，新型建筑材料技术专业拥有一支业务能力强、教学水平高、专兼职结合的“双师型”师资队伍。该专业教师队伍由博士领衔，积极进取，在教育教学、科研、著作以及专利发明等方面均取得了显著成效。学院还积极引入企业社会人才参与教学活动，为专业的建设发展、课程建设和课程改革等提供了极大的帮助，学院先后多次派出多名专业教师参加各种专业学习和培训活动，提升了专业教师业务能力。该专业教师利用行业企业的优势，积极拓展信息化手段，参与了教育部的建筑材料教育信息资源库的建设，承担了教育部“新型建筑材料技术”专业标准制（修）订工作、河北省精品资源共享课程的建设工作，有两名老师获得了2017年河北省职业院校信息化教学大赛三等奖，这些优质资源较好地满足了教学的需要。该专业的企业师傅，在各自的岗位上积极进取，积累了宝贵的生产实践经验。企业师傅宋延超担任化验室主任多年，不断超越，兢兢业业，精益求精，没有出现一次质量事故，获得了行业的好评。

4. 形成与现代学徒制相适应的教学管理与运行机制

新型建筑材料技术专业以工作任务为导向创建了以学习者为中心的“点—线—面—体”一体化教学体系。具体来说，就是建构在现代信息技术条件下，以学习者自主学习为中心、教育者导学为前提，以多种媒体教学资源和多种交互手段、服务方式及监控系统为支撑的“导学—自学—互学—助学—督学”五环联动的理实一体教学模式，并通过学生自主合作学习模式形成完整的以学习者为中心的“点—线—面—体”一体化教学体系。

“点”是指某一独立的知识点或技能点或隐性能力点，不能完成完整的工作任务。“线”是指由相关的知识点（包括显性知识和隐性知识）、技能点和隐性能力点共同形成的线性组合，能够完成某一特定的单项工作任务。“面”是指某一工作岗位上所需多个单项能力的横向组合。“体”是指学徒为实现轮岗、转岗、职业拓展而需要具备的综合能力，以及合作、沟通等职业素养。

“五环联动”的理实一体化的教学模式，就是将导学、自学、互学、助学、督学归并为五个齿环，齿环之间齿齿咬合，环环相扣，牵一发而动全身，这一校企双方共同合作的教学模式在三年的教学应用后，收到了很好的效果，达到当初设计的目的，最终从人才培养质量上充分体现了培养效果，达到了校企双方共赢的局面。

在按照“五环联动”的理实一体化的教学模式组织的教学活动中，要求学生采用“九化归一化”的学习模式安排学习活动（“学习内容任务化”“学习过程工作化”“学习资源网络化”“学习环境企业化”“学习评价多元化”“学习管理目标化”“学习指导双师化”“学习方法多样化”“学习设计素质化”，最后归为“学生学习自主化”），使传统的“教学”向“学习”转变，让学生在自主学习、互助学习、督促学习的过程中建构知识体系，从而使学生在完成学业后的职业生涯中具有可持续发展的能力，把所学知识灵活运用到职业活动中。以任务为载体组织课程内容，以当前学生特点设计学习情境，从典型的工作岗位中提炼课程学习内容，再通过梳理加工形成典型工作任务，设计具体学习情境。根据高职学生形象思维较好的特点，校企双方在进行课程设计时考虑如何激发学生的学习热情，挖掘其潜能，使学生在课程学习中发展个性；在设置学习情境时，充分考虑学习情境的真实性和趣味性，使学生能够充分参与互动，热情参与每个教学环节，发现问题，并能自己想办法解决问题，给学生体验开启智慧和增强自信的经历。

5. 探索校企协同育人机制

校企共同构建现代学徒制人才培养模式。学院在 2015 年为进一步做好现代学徒制试点工作，对 2016 级、2017 级新型建筑材料技术专业的人才培养模式进行了重新建构，组建了包括校企双方技术、管理、教育等方面的人员在内的专业建设指导委员会，聘请行业企业的知名专家指导工作，对现代学徒制人才怎么培养、如何培养、如何实施校企一体化等问题进行磋商、研讨，并根据企业需求，改造传统的人才培养方案，构建基于校企双主体育人的现代学徒制人才培养方案。

在人才培养方案修订过程中，基于行业发展需要及技术发展趋势，校企双方共同制（修）订专业建设方案、课程标准以及核心课程设置等，并按照岗位工作任务、职业资格标准、职业发展路径，设计体现岗位能力要求、岗位任职标准和晋升考核标准的模块化、分段式课程体系，将课程标准与国家职业资格标准相对接，按照“认识企业、参与生产、企业顶岗”的渐进式路线设计学徒项目课程，按照“知识与技能并重、融入职业标准”的思路设计专业课程，按照“课程标准与职业标准对接”的理念设计职业技能提升方案，按照“品格、能力、素质全面发展”的思路设计第二课堂综合素质提升方案。

在人才培养体系中，采用产教融合、工学交替的人才培养方式安排学习、实训等教育教学环节。

为深入推进试点工作，学院与企业联合成立由校企双方人员组成的现代学徒制管理机构，建立了人才培养成本分担机制，制定了试点工作的扶持政策和多方筹措经费投入的措施。为满足现代学徒制试点过程的工学交替，校企双方还设计了满足工学交替进行、有机融合为一个整体的教学管理制度体系。学院与合作企业河北新丰工程检测有限公司、秦皇岛长阳混凝土有限公司签订现代学徒制试点班合作协议书，学徒与合作企业签订现代学徒制就业协议书，企业师傅与学徒签订师傅带学徒协议书。学院与企业经常召开协调会，解决出现的问题，保障了现代学徒制工作的顺利实施。

学院与企业密切合作，已经联合出台了《现代学徒制校企联合招生管理办法》《现代学徒制“双导师”教师管理办法》《现代学徒制人才培养日常教学管理办法》《现代学徒制专业教学督导管理办法》以及《现代学徒制日常教学管理暂行办法》等一系列管理文件，以保障现代学徒制工作的顺利开展。

6. 完善人才培养制度和标准

（1）制度建设主次分明、疏而不漏

制度是保障，是建设基础，河北建材职业技术学院全面加强现代学徒制管理工作，根据现代学徒制运行机制和教学管理，相继出台各项制度，对现代学徒制试点工作中各项工作进行标准化管理，做到有制度可依，按标准做事。成立现代学徒制试点工作领导小组、专业建设委员会，制订学徒制管理办法和工作流程。制订招生招工一体化实施方案，成立联合招生工作小组，制定招生宣传工作标准，制定双导师管理制度和相关标准及考核评价办法，制定学生（学徒）权益保障机制、制度。建立学校、企业、学生、家长四方的联系沟通机制，完善教学质量监控和跟踪反馈制度。在实施现代学徒制试点工作中，对教学全过程实施无缝质量监控。

（2）构建“三段式”弹性人才培养体系

在现代学徒制试点人才培养过程中，通信技术专业根据通信行业、企业技术岗位需求确定培养目标，根据培养目标重构课程体系结合通信行业岗位对技术人员具体要求，在人才培养过程中采用“三段式”弹性人才培养，即第一阶段三个学期在校由校企共同培养；第二阶段一个学期在企业进行岗前实践（职业证书考取），本阶段采用弹性学习时间，实践过程中动态评估学生岗前技术能力，评估合格者直接进入下一阶段；第三阶段两个学期进行岗位实操（顶岗实习），本阶段主要由企业师傅指导岗位技能，夯实学生岗位技术本领。

3.3.4.2 面向中职的职业院校试点——重庆工商学校案例

重庆工商学校创办于1987年，是首批国家级重点中职学校、首批国家中职示范学校，也是中国—澳大利亚职教合作项目学校。学校先后荣获全国教育系统先进集体、全国职业教育先进单位、全国中等职业学校德育工作先进集体、全国青少年文明礼仪教育示范基地、全国五四红旗团委、全国成人教育先进单位等多项殊荣。学校“文明风采”竞赛连续9年获全国优秀组织奖；相关技能大赛连续9次蝉联重庆市团体总分和奖牌总数桂冠；在历年来的全国职业院校技能大赛中获得14金、32银、31铜的优异成绩；教师主编的《建筑材料》《制冷与空调设备安装与维修》等教材被教育部评为改革创新示范教材；完成市级以上课题研究12项，在核心期刊发表论文79篇；获市政府教学成果一等奖3个、二等奖4个、三等奖2个，获国家级教学成果二等奖3个。学校牵头组建了西部最大的跨区域、跨行业的重庆工商职业教育集团，探索创新的“园团融合”集团化办学模式成为教育部职业教育中心研究所向全国推介的七大模式之一。

2015年8月，重庆工商学校被教育部确定为国家首批现代学徒制人才培养模式改革项目试点单位，成为全国27所首批现代学徒制试点的中职学校之一。自接受任务以来，重庆工商学校严格按照教育部要求，遴选了大金空调（上海）有限公司、四川快益点电器服务连锁有限公司重庆分公司为试点合作企业，严格按照项目实施方案和任务书上83个验收要点的要求开展工作，经过三年的不懈努力，已全部完成试点任务。

1. 积极推进招生与招工一体化

一是成立了招生招工一体化办公室，由校企双方按2∶1的比例进行人员配置，在学校成立招生办公室，并制定了工作章程、招生招工一体化实施方案、学生（学徒）选拔标准和学生（学徒）成长记录表。每年6月公开发布校企联合招生招工简章，8月28日、29日进行笔试、面试和体检。三年来，大金空调（上海）有限公司从515名报名人中挑选了92人，四川快益点电器服务连锁有限公司重庆分公司从189名报名人中挑选了30人，累计招收学生（学徒）122人。每届均按班级管理制建立班级运行档案。第一届出师率100%，企业向每位学生（学徒）颁发了出师证书。

二是签订四方协议。每年在开学第一个月内，由学校组织学生（学徒）、学生（学徒）监护人、学校法人代表、企业法人代表，在重庆市教育委员会、重庆市江津区人民政府领导及重庆工商学校师生的共同见证下签订四方协议。明确了学徒具有学生、职工的双重身份，确保学生（学徒）的合法权益，实现了招生即招工，入校即入企的招生招工一体化进程。

三是签订师徒协议。入学时，由学校组织学校导师、企业“识岗试岗轮岗”师傅和学生（学徒）在师生的见证下举行学生第一次拜师仪式，签订第一次师徒协议。在定岗时，由企业组织“定岗顶岗”师傅、学生（学徒）在企业举行第二次拜师仪式，签订第二次师徒协议。通过拜师仪式和签订师徒协议，建立传统师徒传承关系。

2. 深化工学结合人才培养模式改革

（1）培养模式的创新

重庆工商学校首次提出“三师五岗”岗位育人模式，依专任教师和企业师傅标准，确定学校教师、识岗试岗轮岗师傅、定岗顶岗师傅“三导师”，依托识岗、试岗、轮岗、定岗、顶岗“五岗位”对学生进行递进式培养。通过试岗学习、轮岗实习，提升学生多岗位技能；通过定岗培养、顶岗实践，使学生掌握岗位核心技术；通过“三导师”培养、“五岗位”递进，把培育工匠精神融入学习、实践中，刻入学生心中，促进学生职业技能与职业素养的双提升。

（2）工学结合运行办法创新

学校创新了“12133”工学结合运行办法，即按照识岗、试岗、轮岗、定岗、顶岗五阶段育人，第一年企业每个月安排两名师傅到校从事一周的教学工作，从第二学年开始，学生先在校学习三个月，再到企业学习三个月，交替进行，直至毕业。

3. 加强专兼结合师资队伍建设

一是校企共同制定了双导师标准。校企双方依据企业优秀员工标准和学校优秀教师标准，制定了双导师标准，为遴选企业师傅和学校导师提供了依据。企业遴选了专兼职导师 12 名，其中 6 名专职导师负责到校任教和在企业“识岗、试岗、轮岗”阶段的培训任务，每人负责 5 名学生（学徒）的一般技能传授和职业素养的形成。6 名兼职导师负责“定岗、顶岗”阶段的教育教学任务，每人负责 5 名学生（学徒）岗位核心技能的传授和工匠精神的熏陶。学校遴选了 6 名专任教师，负责学生（学徒）在校期间的教育、教学管理工作。

二是校企共同制订了双导师培养实施计划。根据学生（学徒）培养的需要，结合遴选出的导师实际，校企双方共同制订了双导师培养实施计划，定期组织教师到日本及国内的合作企业、高校学习，企业师傅定期到高校、合作学校学习。现有6名学校教师取得了企业颁发的岗位资格证书，企业有12名师傅获得了学校颁发的任课教师资格证书。

三是校企共同制定了现代学徒制导师绩效考核办法。为了调动企业师傅带徒、学校教师教学的积极性，结合现有的分配制度，校企共同制定了现代学徒制导师绩效考核办法。通过自评、互评、学生（学徒）评价和校企领导评价等办法，评出A、B、C三级，导师根据级别享受相应的“双薪双奖”待遇，现有6名导师获得A级、10名导师获得B级、2名导师获得C级。

四是校企共同制订了校企互聘共用师资队伍实施方案。为了学校和企业实现资源共享，校企共同制订了校企互聘共用师资队伍实施方案。现有6名企业师傅在学校担任教育教学工作，4名学校教师在企业顶替师傅完成产品生产。

4. 形成与现代学徒制相适应的教学管理与运行机制

一是校企共同制定了学生（学徒）考核方案和评价标准。根据企业对合格员工的评价、学校对学生的评价，校企共同制定了学生（学徒）考核方案和评价标准。学校对学生（学徒）的评价以学业评价和素质评价为主。学业评价采取过程评价与结果评价相结合；素质评价主要由班主任、学生处、保卫科、团委对学生（学徒）的纪律、文明素养、参与社团活动、健康状况等进行综合评价。行业评价以技能等级鉴定为主线，将这条主线贯穿于专业理论和技能教学的全过程，鉴定标准为国家标准和行业标准。企业评价由师傅到校上课和学生（学徒）岗位学习两方面的评价组成。

二是制定完善了现代学徒制相关制度。开展实施了重庆市重大课题研究——以现代学徒制为主的职业教育工学结合人才培养制度建设研究。课题组全体人员编制并发放了100余份调查问卷，实地考察10余家单位企业，走访调查6个省（自治区、直辖市）级地区，共同统计分析、综合研究数据，高质量完成了调查报告，为完成课题研究报告、资政报告、改革实施方案等提供了最为可靠的依据。撰写了高水平的研究报告，明确了研究的主要内容与方法，厘清了实施现代学徒制的依据，明晰了现代学徒制的内涵与特征，掌握了国内外关于现代学徒制制度建设的现状，总结了现代学徒制试点工作的已有实践经验，梳理了我国现代学徒制制度建设存在的问题，得出了现代学徒制是职业教育人才培养模式改革的必然选择，政府、行业、企业、职业院校是现代学徒制建设缺一不可的责任主体的结论，并提出了一系列合理化的建议。在专家的指导下完成了资政报告，在资政报告中明确指出了职业教育现代学徒制制度建设存在的主要问题，提出了职业教育现代学徒制制度建设的对策建议。草拟了《重庆市职业教育现代学徒制制度建设实施改革方案(草案)》，制定了省级层面的《重庆市职业教育现代学徒制建设促进办法(草案)》，还制定了《现代学徒制校企双主体育人运行的办法》《校企合作共建校内外实习实训基地的办法》《现代学徒制招生招工的管理办法》《第三方质量监测与评估制度》等涵盖企业教学、招生招工、双师互聘共用等10个方面的标准以及23个制度，并将这一系列的标准、制度汇编成册，物化研究实践成果。

三是校企共同制定教学管理制度。校企双方根据学生（学徒）交替学习的实际情况，制定了教学文件制定与管理办法、教务行政管理办法、校企三级管理办法、教学过程管理办法、教学质量管理办法、教学人员业务管理办法、教育教学研究与教学信息管理办法、教学设施管理办法、现代学徒制学分管理办法等31个校企教学工作管理制度，为科学、有序开展教学工作提供了有力保障。

5. 探索校企协同育人机制

一是成立了组织管理机构。学校成立了以校长为组长、部门负责人为成员的试点工作领导小组；以分管副校长为组长、项目组人员为成员的试点工作小组，下设办公室，由教务处主任兼任办公室主任。负责项目实施的合作企业也对应成立了以董事长为组长、部门负责人为成员的工作领导小组；以副总经理为组长、项目组人员为成员的试点工作小组，下设办公室，由人事科长兼任办公室主任，负责项目实施的校企双方共同制定校企协同育人工作机制，明确了“12133”工学结合运行模式，制定了建设项目管理办法、建设项目资金管理办法、建设项目考核与激励办法。

二是成立了建设工作专家指导委员会。由重庆教育科学研究院、重庆师范大学、重庆市制冷学会及企业专家组成试点工作专家指导委员会，制定了工作章程和合作企业选拔标准，并按标准选了大金空调（上海）有限公司、四川快益点电器服务连锁有限公司重庆分公司为合作企业。

三是签订了现代学徒制校企合作协议书。经校企双方协商，在重庆市教育委员会、重庆市江津区人民政府领导及重庆工商学校师生的共同见证下，与大金空调（上海）有限公司、四川快益点（重庆）电器服务连锁有限公司签订协议，以确保项目顺利实施。

四是校企共同成立了项目建设研究团队。12 名企业师傅和 6 名学校教师组成校企育人建设研究团队，定期开展教育教学研究活动，有效提高了教育教学质量。校企双方研究制定了校内外实训基地建设标准，并经专家指导委员会审定通过。目前，校企双方已投入 74 万余元，在校建成一条标准的模拟生产线和一间电子技术实训室；同时建立了校企信息通报制度，召开校企联席会议 30 余次，通过对话、协商解决校企合作过程中的问题，调整应对策略，确保制度落到实处。

6. 完善人才培养制度和标准

一是市场需求调研。通过深入合作企业进行人才需求调研，获取大量数据，形成了人才需求调研报告，为典型工作任务分析、确定人才培养目标和人才培养规格提供了依据。

二是典型工作任务分析。聘请职教专家和行业企业的技术能手开展典型工作任务分析，形成了职业能力分析报告，为构建课程体系、制定标准做好了前期准备。

三是构建课程体系。根据典型工作任务分析结果，进行归类、总结和分析，形成由公共基础课程、专业核心课程、岗位能力课程、专业展课程等组成的课程体系。

四是编制了人才培养方案。校企双方根据企业生产实际，2015 年编制了“电子技术应用—空调制造方向”专业现代学徒制人才培养方案。2016 年、2017 年，项目建设研究团队对人才培养方案进行小修改，2018 年进行大修改，并形成长效机制，不断修改完善，以确保人才培养紧跟企业生产实际。

五是制定了岗位标准。根据企业岗位属性和人才成长规律，结合典型工作任务分析，校企共同制定了钎焊、涂装、设备保全等 5 个核心岗位的三级岗位标准，为师傅实施岗位教学提供了依据。

六是制定了课程标准。结合典型工作任务分析，校企共同制定了钎焊技术、涂装技术、设备保全等 16 门课程标准，为导师实施课堂教学提供了依据。

七是编写了教材。依据课程标准，校企共同编写了 6 门课程教材，建立了 5 门课程的试题库。

八是开发了课程的数字资源。依据课程内容与要求，校企共同开发了电子技术基础与技能、电工技术基础与技能两门课程的数字资源，其中含教案、PPT、微课、视频等。

3.3.5 我国现代学徒制试点案例总结

1. 成效

试点工作开展以来，按照试点目标任务书要求，各试点积极探索、大胆尝试，扎实推进，取得了一些工作成效，主要包括：

（1）现代学徒制政策保障体系初步建立

部分地方政府试点先后出台支持现代学徒制试点的政策文件，部分市直各相关部门参与制定与现代学徒制试点相关的制度性、规划性文件，部分试点工作领导小组制定制度性文件等，确立了现代学徒制试点的重要地位，明确了相关各方的职责区分，构建了试点标准体系和实施程序，建立了区域人才供需衔接机制，打通了技术技能人才培养成本分担和补偿渠道，为今后全面推行现代学徒制教育模式常态化奠定了可靠的基础和保障。

（2）招生招工一体化方式得到各方认可

按照现代学徒制试点要求，全面实施招生招工一体化，通过“学徒、家长、学校、企业”签署四方协议的方式，使学生的学徒权利得到有效保障、企业准员工地位得到确认，让学生和家长对学生未来工作岗位有一定的认识与规划，让学校人才培养方向更加明确、相关资源得到有效整合利用，让企业用工实现需求有保障、岗位有人员、培养有目标，促进校企“联合招生、联合培养、定向就业”的人才培养机制不断建立。下一步，准备组织有关试点学校，在中职二年级的在校学生中开展先招生后招工的试点。随着试点工作的不断推进，现代学徒制招生招工模式将进一步呈现多样化。

（3）教师队伍专业素质不断提升

试点工作推动职业教育兼职专业教师队伍建设初具规模，职业院校兼职教师数量不断增加，兼职教师的技术水平明显提升，高水平教师的比例逐步提高，兼职教师薪酬制度从无到有，保障更加有力。试点工作让各试点学校专业教师有更多机会实地了解专业岗位，参与企业培训学习，熟悉专业技能标准要求。

（4）建立可推广的人才激励机制

部分试点设立企业奖学金，对学习态度认真、成绩优秀者颁发奖学金，激励学生认真学习。院校根据学生在校期间学习成绩、课堂出勤率、荣誉加分等进行综合评价，设置不同级别奖学金。实习期满后，企业每月度针对学生的工作态度、日常出勤、施工质量等关键事项进行打分，对综合评价较好的实习生给予绩效奖金，以激发工作和学习热情；同时对学生进行年终实习总结评优，对于评价较高者，颁发“优秀实习生”荣誉证书及奖金。对于毕业后的学历再教育，学生毕业后，试点单位根据学生学习成绩、日常表现等，择优选拔人员进行学历再教育，由试点单位承担三年学费，实现学历和技能双提升。

（5）建立与现代学徒制相对应的人才评价标准体系

为督促学生努力学习知识技能，部分试点以现代学徒制为载体，建立了系统的人才评价标准。现代学徒制学生除要接受学校的各项课程考核、实操鉴定外，还要接受企业的相关考核。企业根据学徒培养目标，对学徒开展企业课程学习效果测试、实操技能鉴定。学徒在企业实习期间，企业师傅、部门领导从企业文化符合度、日常行为要求、工作态度、专业技能、工作绩效等方面对学徒进行全方位评价。

（6）技术技能人才培养质量明显提高

实施双元教学和双元评价，切实让企业师傅手把手教学，让学生走进车间，贴近实际练技能，工学结合、知行合一的人才培养模式由此不断深化。从目前掌握的情况来看，部分现代学徒制试点班级学生技术成长周期普遍比普通班级学生缩短 0.5～1 学年，试点学生与普通班级学生相比理论和实践结合能力明显增强，专业技术更为扎实。

（7）地区经济社会发展能力有效增强

实施现代学徒制试点工作，一则使职业教育与地方产业发展紧密对接，产教融合度不断深化，技术技能人才培养的针对性和实效性更强，人才供需矛盾也得到有效缓解；二则使院校对企业所需人才更加了解，专业调整设置更加精准，专业更新节奏也不断加快。

2. 创新

（1）建设现代化职教产业园区

部分试点为加快推进现代学徒制发展，不断促进产教深度融合，切实提高技术技能人才培养能力。经过多年建设，职教产业园区可容纳所有师生。园区建设规模大，各类附属设施一应俱全，包括图书馆、文体中心、体育场馆、公共实训基地、培训中心、孵化中心等，功能齐全，完全满足园区内各学校开展校企深度合作、混合所有制等办学模式改革的需要，以及全面推行现代学徒制等教育教学模式改革的需要，为深入推进全市现代职业教育发展提供了可靠的承载能力。

（2）推行“一校一策”的试点策略

为促进现代学徒制人才培养方式的多样化，部分试点提出分类探索的工作原则，在各试点学校大力推行“一校一策”。一方面，通过规划引领形成特色方向，经专家论证指导，确定各试点学校人才培养模式探索的方向，如吉林机械工业学校和吉林女子学校探索中外合作，分别引进“德国双元制”和“英国学徒制”；吉林省城市建设学校探索协会参与式的合作方式；吉林工贸学校探索集团参与式的合作方式；吉林机电工程学校探索校企点对点的合作方式等，形成可对比的样本体系，建立可供各类学校借鉴的育人模式体系。另一方面，通过科研引领形成特色成果，坚持科研与试点实践同步，由教育科研机构设立现代学徒制试点总课题，各试点学校设立子课题，通过合理分工使每个子课题瞄准现代学徒制人才培养的不同环节，如吉林石化工程学校主攻现代学徒制校本教材的开发，吉林经济贸易学校主攻现代学徒制校内教学模式，吉林机电工程学校主攻学徒晋级考核方式，永吉县职教中心主攻双导师队伍建设与管理等，形成了“一校一策”的特色成果，对于全面推行现代学徒制具有一定的指导作用。

（3）以客户需求为导向，实现招生招工就业良性循环

部分试点单位在学徒培养的全过程中，始终坚持把企业的需求摆在第一位，始终以为企业提供优秀的学徒为第一目标，协调现代学徒制人才培养实施过程中各方的工作，有力地保障了招生招工就业一体化，实现了良性循环。现代学徒制班级组建之前，由企业统计各用人部门的用人需求，仔细分析用人部门在人力资源需求方面的“痛点”，根据用人部门对岗位职业能力的要求，精准分析得出了岗位能力模型。通过现代学徒制，校企联合，培养出满足岗位需求的合适人才。

（4）推动跨企业培训中心建设

在试点过程中，单纯通过学校和企业的合作，试点覆盖面存在很大的局限性，而且众多有人才需求的中小企业不能被有效纳入试点服务范围。因此，部分试点单位决定在园区公共实训基地中遴选一批优质基地，借鉴“德国双元制”模式，建立跨企业培训中心，同时引进行业、职教集团参与跨企业培训中心运营，建立区域人才供给平台，推动现代学徒制人才培养常态化。

（5）推动职业学校承接行业系统职能创新

行业系统是实施产教融合、校企合作过程中不可或缺的桥梁和纽带，必须要研究如何发挥好行业系统的作用。在当前国家大力推进“放、管、服”改革的大背景下，行业系统的职能可能会进一步弱化，因此要为行业系统找到合适的依托点。为此，部分试点单位提出鼓励职业学校承接行业系统的建议。

（6）坚持机制建设与院校试点相结合，实现了试点工作方法的创新

现代学徒制试点的主旨之一在于探索构建相应机制，出台相应政策。部分试点单位在广泛调查、精心设计的基础上，形成了一系列机制，确定了一系列制度。这些机制和制度推进了学校或专业层面课程开发、队伍建设，凝练了可借鉴、可复制、可推广的实践经验，形成了辐射带动和示范引领效应。

3. 总结

（1）积极推进招生与招工一体化

参与现代学徒制的利益相关者，尤其是校企双方从完善职业院校招生录取和企业用工一体化的招生招工制度，推进校企共同研制、实施招生招工方案等方面，推动了招生招工一体化进程，但在规范职业院校招生录取和企业用工程序、明确学生的双重身份、保障学生的合法权益等方面还需改进；在完善、细化三方协议或劳动合同，保障学生的知情权、保险、工作津贴等方面的措施要进一步落到实处。

（2）加强专兼结合师资队伍建设

实行双导师制度，参与现代学徒制的校企双方，即推广学校教师和企业师傅共同承担教育教学任务，分别设立校企兼职教师岗位和学徒指导岗位，在双导师选拔、培养、考核、激励办法等方面进行完善，在明确企业师傅的责任和待遇、将师傅承担的教学任务纳入考核、享受带徒津贴等方面进行尝试，校企共同制定双向挂职锻炼、横向联合技术开发、专业建设的激励制度和考核奖惩制度。但在统筹建设校企互聘共用的师资队伍方面，政府和行业应加强重视，制定明确可行的制度和政策；双导师培养的相关制度、实施方案及双导师激励制度的建设需要完善；在双向挂职锻炼、横向联合技术开发、专业建设激励制度和考核奖惩制度建设上，校企需要继续推进。

（3）完善标准体系建设

参与现代学徒制的校企双方，能够按照“合作共赢、职责共担”的原则，共同设计人才培养方案，共同制定专业教学标准、课程标准、岗位标准、企业师傅标准、质量监控标准及相应措施；能够紧扣现代学徒制特点，采取灵

活、适宜的教学管理方式，实施模块教学，依据岗位需要开发学习模块；能够针对学徒学业合格标准、现代学徒制教学管理制度研制合理标准。但校企还需要加强共同设计人才培养方案的统筹力度，在制订人才培养方案时应更加聚焦具体内容；试点企业仍需积极发挥一线实践的优势，主动参与专业课程体系建设、专业教学内容改革与教材开发。

（4）探索校企协同育人机制

参与现代学徒制协同育人的校企双方，能够通过双主体育人机制进行联合招生，分段育人，多方参与评价；能够推进专兼结合、校企互聘互用的“双师型”师资队伍建设；能够探索现代学徒制支持政策以及人才培养成本分担机制，统筹利用好校内实训场所、公共实训中心和企业实习岗位等教学资源，形成企业与职业院校联合开展现代学徒制的长效机制。但校企双方还需要在统筹规划、政策引导、标准制定等方面做出努力，并加强引导企业作为育人主体方面的创新力度，探索制定人才培养成本分担机制的有效途径，明确校企双主体育人责任及分工。

（5）形成与现代学徒制相适应的教学管理与运行机制

参与现代学徒制的利益相关者，能够建立健全现代学徒制管理制度以及相应的教学管理制度；制定以育人为目标的实习实训考核评价标准，建立多方参与的考核评价机制；建立定期检查、反馈等形式的教学质量监控机制，制定学徒管理办法；根据教学需要，科学安排学徒岗位、分配工作任务，保证学徒获得合理报酬；落实学徒的责任保险、工伤保险，确保学徒人身安全。但政府和行业还应充分发挥自身优势，做好统筹工作，促进学校、企业共同建立现代学徒制管理制度，调动利益相关者各方积极性，建立多方参与的考核评价机制和教学质量监控机制。

（6）完善激励与保障机制

参与现代学徒制的利益相关者根据落实责任制的要求，能够建立校企之间以及学校内部跨部门的试点工作小组，成立现代学徒制协调组织或机构并落实专人负责，定期商讨和协调解决试点中的问题；能够制定试点工作扶持政策，对试点专业在招生计划、生均经费、实训设备设施、师资配备等方面给予倾斜；能够制定试点专项资金管理办法，明确学校、企业等各参与方在资金使用方面的责任和权益。但校企双方还应加强对试点工作的政策扶持，落实招生自主权和试点企业的优惠政策，加大对现代学徒制工作的专项投入力度；进一步落实责任制，聘请专人落实负责；加大投入力度，制定多方筹措经费投入试点项目的办法；完善企业激励与保障机制的支持政策和实施方案。

3.4 我国现代学徒制中利益相关者合作困境

目前，现代学徒制已进入推广阶段，从试点到常态化均取得良好成效。但利益相关者，即地级市、行业系统、企业和职业院校，合作进行现代学徒制面临着一些实际困难和问题。

3.4.1 政府（地级市）参与合作困境

（1）现代学徒制所需的政策环境尚未形成

保障和推进现代学徒制有效运行的制度还不健全，缺乏对企业的激励和约束机制，企业参与现代学徒制的动力不足。学徒的法律身份得不到明确界定，对学徒的法律地位、津贴、安全责任没有明确规定。

（2）现行优惠政策对试点企业的吸引力还不够强

我国现行税法规定，企业因接收学生实习所实际发生的与取得收入有关的合理支出，以及企业发生的职工教育经费支出，依法在计算应纳税所得额时扣除。但从实际情况来看，企业通过该项政策所享受到的优惠，与企业培养学徒所发生的成本相比还有较大差距。

（3）地方经费投入不能满足试点工作开展需要

推行现代学徒制育人模式改革，需要予以一定规模的经费投入保障。从目前试点运行实际情况来看，地方投入只能维持小规模、短周期的试点工作。特别是近几年，吉林市在职教产业园区建设中已投入巨额资金，如果要在职业学校实践性、技术性较强的专业领域全面推行现代学徒制，则难以满足经费所需。

（4）学徒流失率高，缺乏相应的法律政策予以约束

部分学徒诚信意识淡薄，在接受现代学徒制人才培养后，极易受到外部诱惑跳槽，而不遵守此前与企业签订的服务协议，并且在离职时，多数不遵守企业离职程序，而是选择直接旷工离职。对于企业来讲，这种情况实为难以接受，极大地打击了企业参与现代学徒制的积极性。

3.4.2 行业系统参与合作困境

（1）部分行业限产，出现招生难的情况

以煤炭行业为例，由于行业限产，招生难的情况比较突出。但随着煤炭

价格回升，行业逐步回暖，煤炭企业对技术技能人才还有需求空间。如何通过现代学徒制人才培养，有效提高人才培养质量，满足企业人才需求，是亟须解决的问题。

（2）部分行业对现代学徒制的认可度不高

长期以来，重普教、轻职教和重理论、轻应用的思想占据主流，导致大众对职业院校学生的认同感较低。加之学生、家长和社会对现代学徒制缺乏深刻的了解，认为参加现代学徒制不是上学，对现代学徒制存在偏见与抵触。

（3）“蓝领”人群在社会没有得到应有的尊重

“蓝领”人群的社会认可度较低。另外，技术技能人才的工作环境通常不优越，技术技能人才对自身工作满意度也较低，导致现代学徒制试点的专业不受学生青睐，招生招工难。

3.4.3 企业参与合作困境

（1）享受的税收减免政策难以落地

企业培养学徒应享受的税收减免政策难以落地。企业接收学徒应享受的税收减免政策尚缺乏具体的实施细则，影响部分企业参与现代学徒制试点工作的积极性。

（2）对现代学徒制实质领会不够深刻

有些企业把现代学徒制简单地理解为校企合作，对现代学徒制缺乏深入研究，没有抓住现代学徒制的“双元”特征。现代学徒制要求校企共同育人、责任共担，不是所有的校企合作都是现代学徒制。

（3）资金成本分担问题有待解决

现代学徒制的资金成本分担问题有待解决。在现代学徒制中，企业所需承担的资金成本不低，这无疑给企业（尤其是中小企业）开展现代学徒制带来了一定的成本压力。

（4）部分企业存在畏难情绪，短时间难以获得收益

现代学徒制旨在在真实的实训环境中，训练学徒专业的职业技能。无论是实训环境的搭建、实训设备的引进还是实训教师的培养等，都需要投入巨大资金，然而培训是一项长期投入且无法获得即时收益和回报的工作。企业投入大，无法在短期内获得收益，难以承受，这也是很多企业实施现代学徒制所面临的一道难题。

（5）企业积极性有待提高

一方面，部分企业缺乏储备后备人才的战略意识，对于技术技能人才重招用、轻培养，对学校的合作意愿、合作行为往往不能热情回应；另一方面，企业是以价值为导向的，面对的是竞争激烈的市场，对学校工作的配合难以持续。出于对眼前利益的考虑，企业承担现代学徒制试点工作，就必然会为学徒安排实习岗位，提供师傅进行辅导，还要支付相应薪酬，增加了直接成本，而耗费人力、物力、财力培养出来的学徒，在合同到期后流失的可能性很大，增加了间接成本。因此，除了对应用技术人才需求量大的行业领军企业外，广大中小企业对参与现代学徒制教育普遍“心有余而力不足”，缺乏高额、持续、稳定的投入，积极性有待提高。

（6）部分企业无法落实师傅补助

现代学徒制试点工作是促进“产教融合”，加快培养企业紧缺人才的基本制度。企业管理人员、技术人员兼职任教成为常态，但是在试点工作实际开展过程中，部分企业认识随着市场起伏波动，认识不到位，导致这部分人员的补助不能落实，师傅参与热情不高，教学质量不能得到保障。

（7）企业生产进程与学校的教学实施规程有时难以同步

企业能安排学徒进企业的时候，学校不能派出；企业不太好安排学徒进企业的时候，学校又希望学徒进企业。且学徒在企业工作实践时间是间断性的，企业好不容易腾出岗位给学徒，没过多久又要花很大精力安排人员填补学徒离开后的岗位空缺，给企业管理带来很大负担。

（8）企业人员力量无富余或不足，客观上会对学徒培养造成影响

我国已经进入了人力资源短缺时代，正常生产的企业人员力量往往都不足，更不会有富余，企业人员工作压力很大，往往会造成无力、无心指导其所带学徒的现象，影响了学徒的培养。

3.4.4 职业院校参与合作困境

（1）办学模式受政策限制

职业学校办学模式受制于政策限制。职业学校与基础教育学校相比具有办学特殊性。目前国家提倡推动产教融合，职业学校兴办非营利性实习企业是产教深度融合必不可少的补充，但目前国家相关部门还没有具体的推动实施政策，或者说还存在局部政策壁垒，职业学校兴办非营利性企业的路径不畅，目前地方政府至少是地市级政府无法突破。

（2）相关理论认识有待进一步提高

在现代学徒制推进过程中，少数一线人员对现代学徒制的有关认识还比较模糊。比如，传统学徒制与现代学徒制的区别何在？现代学徒制的核心到底是什么，是教学模式、人才培养模式还是教学理念？其宗旨是否仅仅是关注能力培养？现代学徒制的推进与校企合作、产教融合、订单培养又是一种怎样的关系？诸如此类的问题，还需要今后进一步组织学习，明晰认识，以确保实践的科学性与合理性。

（3）部分试点学校存在畏难情绪

基于现代学徒制的有效推进需要多方面条件，个别试点院校在困难面前有退缩，存在等待、观望的心态，积极主动地有所作为、创造性地解决问题的意识不强，个别试点院校在校企协同育人方面表现被动，缺乏与企业经常性的沟通交流。

（4）“双导师”队伍有待强化

学校导师实践经验薄弱，跟踪学徒实习时间较少，在引导学生实践与理论有机结合和稳定学生实习状态方面投入时间不足。中职院校高水平“双师型”教师较少，虽然目前中职院校“双师型”教师比例已经提高，但由于缺乏权威的“双师型”教师认定标准和认定办法，教师的实践能力仍有待进一步提升。此外，企业师傅大多未经过专门的教育教学训练，辅导学生的能力和水平有限，院校教研能力较弱，缺乏与企业进行有效的技术和管理对接能力，人才培养质量尚不能得到有效保障。

（5）招生就业一体化进程需要加强

“招工即招生”实施困难，现代学徒制还处于试点阶段，目前部分高职院校主要是从二年级学生中选取学生参加现代学徒制学习，企业招收的员工还不能直接变为学院的高职院校学生，学籍问题无法解决。目前现代学徒制还处于试点阶段，主要是从院校大二年级中遴选学生作为学徒参加现代学徒制学习，无法直接成为员工，招生就业一体化存在困难。在现行的招生政策下，职业院校自主招生权不高，难以真正实现招工即招生。

（6）缺乏相应的现代学徒制教材，课程内容不够细化

试点企业由于典型工作岗位技术的保密性要求高，校企双方合作开发教材时，对企业典型工作岗位的典型工作任务的调研分析无法实现。结合企业生产任务和岗位能力要求，开发相应的项目任务课程，编写教材的任务阻力很大。

4 现代学徒制中利益相关者成本收益需求分析

4.1 政府参与现代学徒制成本收益需求分析

4.1.1 政府参与现代学徒制成本需求分析

现代学徒制的开展要得到各级政府的大力支持，其参与现代学徒制投入成本主要是政策支持成本和经费投入成本，即从政策规划上和经费投入上向现代学徒制及其利益相关者倾斜。

1. 政策支持成本

中央政府部门通过制定《教育部关于开展现代学徒制试点工作的意见》，对开展现代学徒制试点工作提出意见；通过制定《现代学徒制试点工作实施方案》，遴选一批有条件、基础好的地市、行业、企业和职业院校开展现代学徒制试点工作；通过发布《教育部办公厅关于全面推进现代学徒制工作的通知》，对全面推广现代学徒制进行部署。地方政府部门根据中央政府部门文件出台配套政策，落实中央政府对现代学徒制的部署。政策支持成本产生在政策制定、政策执行、政策评估、政策终结、政策监督五个环节。政策支持成本指的是在这五个环节中投入的人力、资源等成本，应在梳理五个环节具体内容的基础上予以确定。

（1）政策制定

政策制定又称政策形成或政策规划，包括政策问题界定、构建政策议程、政策方案规划、政策合法化等阶段。具体要点如下：①政策问题界定，其主要包括思考问题、勾勒问题边界、寻求事实依据、列举目的和目标、明确政策范围、显示潜在损益、重新审视问题表述等；②构建政策议程，其议程涉及的个人和组织包括政治领导人、公共组织、利益集团、大众传媒、专家学者、社会公众等；③政策方案规划，主要指决策者为处理政策问题制定相应的解决方法、对策和措施的过程，具体涉及确定目标、拟订方案、预测方案后果、抉择方案等；④政策合法化，其过程主要包括提出政策议案、审议政策议案、表决和通过政策议案、公布政策。

（2）政策执行

政策执行是指在政策制定完成之后，将政策由理论变为现实的过程。其形成过程主要包括以下六点：①设置政策执行机构；②政策执行资源配置；③政策宣传；④政策分解；⑤政策试验；⑥政策实施。影响政策执行的因素主要包括政策问题的特性、政策本身的因素、政策之外的因素。政策执行手段包括政治手段、法律手段、经济手段等，使用时应多样化、交叉化，结合实际情况运用相应手段。

（3）政策评估

政策评估是指依据一定的标准、程序和方法，对政策的效率、效益和价值进行评价的过程，目的在于获取公共政策实行的相关信息，以作为政策维持、调整、终结、创新的依据。

（4）政策终结

政策终结是指决策者通过慎重的政策评估之后，采取必要措施，终止那些过时、多余、无效或失败的公共政策的过程。

（5）政策监督

政策监督是提高公共政策运行质量和效益的有力保证，指的是监督主体依照法定的权限和程序对公共政策运行过程进行监察和督促，以衡量并纠正政策偏差，实现政策目标。

2. 直接经费投入成本

目前，政府是我国开展现代学徒制试点的主要经费来源，该经费用于行业、企业和职业院校实施现代学徒制的各项投入，主要包括：①教学成本，指教学用各种设备、图书及相应建筑房屋支出；②行政支出，指各单位、部门开展本部门工作发生的正常支出；③人工成本，指全校教职员工的工资及各种福利支出；④生活支出，指教职员工、学生在生活用房、水电、饮食等方面及维修费用支出；⑤科研支出，指为完成所承担的各类科研项目、技术推广与服务等所发生的材料费、人工费、实验费、设备使用费和差旅费等支出。在教育成本构成项目中，人工成本和教学成本是主要成本项目，它们占教育成本的绝大部分，对现代学徒制发展起决定作用。

3. 间接经费投入成本

政府对现代学徒制的经费投入成本除了直接经费投入方式，还可采用间接经费投入方式。其成本组成包括税收减免、土地划拨、政府补贴及奖励等形式。

4.1.2　政府参与现代学徒制收益需求分析

1. 中央政府收益需求

中央政府在现代学徒制开展过程中的收益需求主要包括：①提高我国劳动者素质及就业能力，为经济社会发展提供合适劳动力。这是政府参与现代学徒制的主要目的。通过现代学徒制人才培养，提高整体人口素质，培养技术技能人才，在缓解社会就业压力的同时，促进社会和谐稳定。②根据产业结构发展状况制订发展规划，提升我国人力资源水平。③推动我国职业教育体系发展。④推动我国产业结构调整、技术进步。⑤带动我国国民经济水平提升。

2. 地方政府收益需求

地方政府在现代学徒制开展过程中的收益需求可以分为公共利益、组织利益以及个体利益，具体包括：①提升地方人力资源水平，充分发挥当地人力资源优势，提高就业率。②提高地方劳动者素质及就业能力，推动地方经济发展。③带动地方产业结构调整和技术进步。

4.2　行业系统参与现代学徒制成本收益需求分析

4.2.1　行业系统参与现代学徒制成本需求分析

行业系统在现代学徒制的发展中，起到了至关重要、不可或缺的作用，其参与现代学徒制投入成本可以通过厘清行业系统职责予以确定。围绕行业系统参与现代学徒制职责，其参与现代学徒制的成本包括以下几类。

1. 沟通协调成本

政府、企业和职业院校之间的关系需要行业系统联系协调，比如通过建立合作平台实现政府、企业和职业院校之间的有效沟通；企业和学生之间需要行业系统联系沟通，比如完成注册和解除企业与学徒间的培训协议等工作。

2. 指导成本

由于行业系统对行业需求熟悉，对企业和职业院校招生招工、构建教学体系、修订人才培养方案以及制定课程标准、教学标准、遴选师傅标准等可以进行有效指导。

3. 咨询评估成本

行业系统可以向政府、企业和职业院校提供现代学徒制发展咨询与建议；对企业和职业院校的现代学徒制工作进行评估等。

4. 规范审查成本

行业系统制定发布相关行业文件，比如制定发布职业培训相关管理办法，规范行业、企业和职业院校现代学徒制人才培养工作；对企业和职业院校的办学资质、师傅和教师的教学资质进行审查。

4.2.2 行业系统参与现代学徒制收益需求分析

行业系统的性质是非营利性的社会组织，其职责主要是沟通政府、企业和职业院校之间的关系，沟通企业与学生之间的关系，指导企业和职业院校开展现代学徒制，提供咨询评估服务，规范审查企业及职业院校相关资质，据此推动现代学徒制良性发展。但目前我国行业系统参与现代学徒制程度不高，原因在于：①行业系统利益需求未得到满足。因为行业系统作为非营利性组织，参与现代学徒制的收益不确定，并且政府对行业系统的专项经费支持不足，企业和职业院校为行业系统提供相应经费及会费有限，行业系统成本与收益、权利与职责不匹配，人力资源或者管理机制制约多，这些因素造成行业系统无法深度参与现代学徒制。②行业系统参与现代学徒制的制度规则不完善。主要是没有形成具有实施可行性的制度和规则，导致行业系统缺乏参与现代学徒制的政策制度依据，无法厘清自身的职责、权利和义务。基于上述分析及试点单位的调研，行业的收益需求包括以下几点。

1. 支持、推动行业及社会发展

通过行业系统在参与现代学徒制过程中行使自己的职责，可以支持行业培养所需的技术技能人才，促进行业技术发展水平，使行业有序、稳定地发展，进而推动社会发展。

2. 提升行业系统在行业中和社会上的地位

行业系统作为非营利组织，具有公益性质，目标是为行业的集体利益及社会公共利益服务。行业系统参与现代学徒制，主要是通过现代学徒制改革中决策、管理和监督等活动，指导和监督现代学徒制人才培养，以满足企业和市场的需求，同时符合政府促进经济发展的利益需求，这对于提高行业系统在行业中和社会上的地位有重要的作用。

3. 拓展经费获取渠道

由于政府对行业系统的专项经费支持不足，并且部分行业系统是民间组织，依靠自筹经费开展工作。因此，行业系统在获取政府经费投入的同时，应当拓展经费收入来源：①提高企业和职业院校的会费。②提高开展专项培训所收取的培训费。

4.3　企业参与现代学徒制成本收益需求分析

4.3.1　企业参与现代学徒制成本需求分析

企业参与现代学徒制成本需求主要包括：

1. 企业与院校谈判的成本

企业首先要与院校就合作事项进行谈判，其成本包括参与现代学徒制的企业员工进行信息收集成本、谈判磋商时间成本以及决策成本，具体由企业员工在这个过程中产生的员工工资、交通食宿费用及其他费用等构成。

2. 企业参与招生招工的成本

在招生招工环节，企业负责的工作包括企业方面的宣传和宣讲（企业文化、企业发展史、现代学徒制企业推进介绍、岗位介绍、企业工作环境及福利条件等）；企业与学生见面开展现代学徒制报名确认工作；企业联合院校进行面试筛选，以组建现代学徒制班级。其成本具体由宣传耗材费用、参与招生招工的企业员工在这个过程中产生的员工工资、交通食宿费用及其他费用等构成。

3. 企业提供硬件设施及改善维护的成本

企业为参与现代学徒制提供硬件设施及维护的成本包括：企业参与现代学徒制人才培养场所成本；企业投资新设施设备成本，以及设施设备使用折旧成本；设施设备占用后的产能损失；设施设备的维护成本；学生给企业造成的资源损耗以及其他损失成本。

4. 企业参与教学资源建设的成本

企业参与教学资源建设的成本包括共同研制人才培养方案、开发课程和教材、设计实施教学、组织考核评价、开展教学研究等。

5. 企业为学生作为学徒投入的成本

企业为学生作为学徒投入的成本包括：企业为每个学生提供的酬金、交通食宿费用及保险成本；企业承担的每个学生用于在企业学习的成本，如企业学习资料、企业学习软硬件、活动经费；企业为每个学生提供奖励的成本。

6. 企业为员工作为师傅投入的成本

企业为员工作为师傅投入的成本包括：企业认知培训成本、企业员工作为师傅对学生进行学徒培养的成本、企业员工作为师傅因指导学生带来的企业利益损失。

4.3.2 企业参与现代学徒制收益需求分析

企业参与现代学徒制的收益需求主要包括参与现代学徒制准备过程中和参与现代学徒制期间的短期收益，以及参与现代学徒制结束后预期的长期收益。

1. 学生作为学徒给企业创造的短期收益

学生作为学徒给企业创造的短期收益，由学徒在企业工作创造的价值和学徒给企业节约的部分用工成本构成。通过现代学徒制实现校企合作，学生作为学徒因从事顶岗性生产任务带来的短期收益，包括学生顶岗实习从事生产性任务产生的价值和学生从事顶岗实习所节约的部分用工成本。

2. 企业获得院校资源使用收益

企业获得院校资源的使用收益包括使用院校场地、设备等节省的费用，利用院校资源完成企业员工培训节省的费用，利用院校科研力量实现技术革新节省的费用。

3. 政府给予企业的政策补给收益

政府给予企业的政策补给收益主要包括政府给予企业参与现代学徒制人才培养的税收减免、专项补助、经费奖励等。

4. 人力资本投资的长期收益

人力资本投资作为现代学徒制的长期收益，主要取决于学生毕业后为企业创造的收益，如果学生能留任企业，那么企业将获得较多的长期收益。

其中，前三项为短期收益。在短期收益中，企业获得院校资源使用收益和政府给予企业的政策补给收益是企业参与现代学徒制准备过程中能得到的收益；而学生作为学徒给企业创造的短期收益是企业参与现代学徒制期间获得的收益。

4.4 职业院校参与现代学徒制成本收益需求分析

4.4.1 职业院校参与现代学徒制成本需求分析

职业院校开展现代学徒制的成本既包括职业院校开展现代学徒制各环节教学活动产生的费用，又包括职业院校对参与现代学徒制企业进行调研、考察、谈判等活动产生的费用，还包括职业院校提供的开展现代学徒制的场地、设施设备和耗材等的成本。因此，职业院校参与现代学徒制成本主要包括以下几点。

1. 职业院校与企业谈判的成本

职业院校首先要与企业就合作事项进行谈判，其成本包括参与现代学徒制的职业院校教职工进行信息收集成本、谈判磋商时间成本以及决策成本，具体由职业院校教职工在这个过程中产生的职业院校教职工工资、交通食宿费用及其他费用等构成。

2. 职业院校参与招生招工的成本

在招生招工环节，职业院校负责的工作包括职业院校方面的宣传；职业院校与学生见面开展现代学徒制报名确认工作；面试筛选工作，以组建现代学徒制班级。其成本具体由宣传耗材费用，参与招生招工的职业院校教职工在这个过程中产生的职业院校教职工工资、交通食宿费用及其他费用等构成。

3. 职业院校提供教学设施及改善维护的成本

职业院校为参与现代学徒制提供教学设施及维护的成本包括：职业院校现代学徒制人才培养场所成本、职业院校投资新设施设备成本以及设施设备使用折旧成本、设施设备的维护成本，以及其他相关损失成本。

4. 职业院校参与教学资源建设的成本

职业院校参与教学资源建设的成本包括共同研制人才培养方案、开发课程和教材、设计实施教学、组织考核评价、开展教学研究等。

5. 职业院校为学生投入的成本

职业院校为学生投入的成本包括：职业院校承担的每个学生在校学习的成本、职业院校为每个学生提供奖励的成本。

4.4.2 职业院校参与现代学徒制收益需求分析

职业院校通过现代学徒制教育培养技术技能人才，能够使职业院校的社会服务能力、人才教育培养能力、科学技术创新能力等得到全面提升，进而提升职业院校的社会知名度。职业院校积极投入现代学徒制，能够让职业院校更好地了解企业和市场的人才培养需求，获得参与现代学徒制收益。

1. 学生因在企业培养给职业院校节约的教育成本

职业院校通过现代学徒制实现校企合作，学生作为学徒在企业接受实践教育并从事顶岗工作任务，可以节约职业院校的教育成本。

2. 职业院校获得社会资源使用收益

职业院校获得社会资源使用收益包括：通过社会捐赠等形式获得使用办学场地、设备等节省的费用，开展社会培训获得的收益，职业院校通过科研力量实现技术革新获得的收益。

3. 政府给予职业院校的政策补给收益

政府给予职业院校的政策补给收益主要包括政府给予职业院校参与现代学徒制人才培养的专项补助、经费奖励等。

4. 职业院校综合实力和学生就业水平提高的长期收益

职业院校综合实力主要体现为社会影响力，家长和学生对院校的认可、满意程度等；学生就业水平的提高主要指就业范围的扩大、就业层次的提高、薪资水平的提升、企业对学生的认可等。

其中，前三项为短期收益。在短期收益中，职业院校获得社会资源使用收益、政府给予职业院校的政策补给收益是职业院校参与现代学徒制准备过程中能得到的收益；而学生因在企业培养给职业院校节约的教育成本是职业院校参与现代学徒制期间获得的收益。

5　现代学徒制中利益相关者收益分配模型构建

经前文分析，利益相关者缺乏参与动力和积极性是现代学徒制发展困境中最突出的问题，而破解这一问题是推动现代学徒制实施的关键。因此，本研究运用成本收益分析法，借鉴德国、瑞士和英国等国家以及国内学者冉云芳关于“企业参与职业教育办学的成本收益分析”的思路和方法，在总结我国现代学徒制试点单位参与现代学徒制培训成本收益的基础上，应用投资回报率、净现值和内部收益率三种主要成本收益分析方法，构建利益相关者收益分配通用模型。

现代学徒制利益相关者中，职业院校和企业是实施现代学徒制的核心主体，本书结合现代学徒制利益相关者（以职业院校和企业为主）需求分析，在构建现代学徒制中利益相关者收益分配模型的基础上，进一步厘清校企利益诉求，定义校企参与现代学徒制成本和收益要素，给出校企成本和收益的计算方法。最后从博弈视角出发，剖析现代学徒制中利益相关者，主要是校企的收益诉求和冲突，构建基于博弈论的现代学徒制利益相关者中校企收益分配模型，以探寻校企双主体的利益激励源泉和融合动力，为更好地协调校企双主体的利益关系并构建有序的现代学徒制运行机制提供内在依据。

5.1　基于成本收益的利益相关者成本收益模型构建

5.1.1　利益相关者参与现代学徒制短期投资回报率模型

利益相关者参与现代学徒制的短期投资回报率为利益相关者参与现代学徒制短期净收益除以利益相关者参与现代学徒制短期总成本。具体计算公式见式5.1：

$$
\begin{aligned}
R &= \frac{(P_{pre}+P_t)-(C_{pre}+C_t)}{C_0+C_t}\times 100\% \\
&= \left(\frac{P_{pre}+P_t}{C_{pre}+C_t}-1\right)\times 100\% \\
&= \left(\frac{P}{C}-1\right)\times 100\% \qquad (5.1)
\end{aligned}
$$

其中，R 是利益相关者参与现代学徒制的投资回报率；C_{pre}是利益相关者参与现代学徒制准备过程中投入的各项成本之和；C_t是利益相关者参与现代学徒制期间，每一时期投入的各项成本之和；P_{pre}是利益相关者参与现代学徒制准备过程中获得的各项收益之和；P_t是利益相关者参与现代学徒制期间，每一时期获得的各项短期收益之和；P 是利益相关者参与现代学徒制准备过程中获得的各项收益与利益相关者参与现代学徒制期间获得的各项短期收益之和；C 是利益相关者参与现代学徒制准备过程中投入的成本与利益相关者参与现代学徒制期间投入的各项成本之和。利益相关者参与现代学徒制的投资回报率 R 与基准收益率 r 的比较结果如下：

当 $R>r$ 时，利益相关者参与现代学徒制得到大于基准收益率 r 的收益，利益相关者获利。

当 $R=r$ 时，利益相关者参与现代学徒制得到等于基准收益率 r 的收益，利益相关者收支平衡。

当 $R<r$ 时，利益相关者参与现代学徒制得到小于基准收益率 r 的收益，利益相关者亏损。

在决策是否参与现代学徒制过程中，当 $R\leqslant r$ 时，利益相关者无法获得收益，会造成利益相关者参与动力不足，积极性不高。但该模型只考虑了短期收益，当考虑到人力资本的长期收益，则为利益相关者带来长期收益，则利益相关者有可能在 $R>r$ 情况下获利。因此，短期投资回报率 R 应作为利益相关者决策时的参考依据。短期投资回报率的优势是易于理解和容易计算，但该指标没有考虑成本和收益的时间价值，精确度不高。

5.1.2 利益相关者参与现代学徒制短期净收益现值模型

利益相关者参与现代学徒制短期净现值为利益相关者参与现代学徒制的短期收益现值减去利益相关者参与现代学徒制的短期成本现值。其中，短期成本现值的表达式见式 5.2，短期收益现值的表达式见式 5.3：

$$C = C_{pre} + \sum_{t=1}^{n} \frac{C_t}{(1+r)^t} \tag{5.2}$$

其中，C 是利益相关者参与现代学徒制短期成本现值；C_{pre}是利益相关者参与现代学徒制准备过程中投入的各项成本之和；C_t是利益相关者参与现代学徒制期间，每一时期投入的各项成本之和；t 是时期；n 是利益相关者实施现代学徒制的总时间；r 是折现率。

$$P = P_{pre} + \sum_{t=1}^{n} \frac{P_t}{(1+r)^t} \tag{5.3}$$

其中，P 是利益相关者参与现代学徒制短期收益现值；P_{pre}是利益相关者参与现代学徒制准备过程中获得的各项收益之和；P_t是利益相关者参与现代学徒制期间，每一时期获得的各项短期收益之和；t 是时期；n 是利益相关者实施现代学徒制的总时间，r 是折现率。根据短期净现值的计算方法，利益相关者参与现代学徒制短期净现值模型的表达式见式 5.4：

$$\begin{aligned} N = P - C &= \left[P_{pre} + \sum_{t=1}^{n} \frac{P_t}{(1+r)^t}\right] - \left[C_{pre} + \sum_{t=1}^{n} \frac{C_t}{(1+r)^t}\right] \\ &= P_{pre} - C_{pre} + \sum_{t=1}^{n} \frac{P_t - C_t}{(1+r)^t} \end{aligned} \tag{5.4}$$

其中，N 为利益相关者参与现代学徒制的短期净现值。

当 $N>0$ 时，利益相关者参与现代学徒制可以获得收益。

当 $N=0$ 时，利益相关者参与现代学徒制收支平衡。

当 $N<0$ 时，利益相关者参与现代学徒制亏损。

在决策是否参与现代学徒制过程中，当 $N \leqslant 0$ 时，利益相关者无法获得收益，可能会拒绝参与现代学徒制人才培养，但该模型没有考虑到人力资本的长期净现值。利益相关者短期内可能亏损，但考虑到长期净现值时，利益相关者可能会实现 $N>0$ 情况下的收益。因此，利益相关者在决定是否参与现代学徒制时，不能只以短期净现值为依据，还应对长期净现值进行预估。

5.1.3 利益相关者参与现代学徒制短期内部收益率模型

利益相关者参与现代学徒制短期内部收益率为利益相关者参与现代学徒制的短期净现值等于0时的折现率，表达式见式5.5和式5.6。

即
$$N = P - C = 0 \tag{5.5}$$

$$P_{pre} - C_{pre} + \sum_{t=1}^{n} \frac{P_t - C_t}{(1 + ir)^t} = 0 \tag{5.6}$$

其中，N 是短期净现值；P 是利益相关者参与现代学徒制各项短期收益总和；C 是利益相关者参与现代学徒制各项成本总和；ir 为利益相关者参与现代学徒制的短期内部收益率；P_{pre}是利益相关者参与现代学徒制准备过程中获得的各项收益之和；P_t是利益相关者参与现代学徒制期间，每一时期获得的各项短期收益之和；C_{pre}是利益相关者参与现代学徒制准备过程中投入的各项成本之和；C_t是利益相关者参与现代学徒制期间，每一时期投入的各项成本之和；t 是时期；n 是利益相关者实施现代学徒制的总时间。

利益相关者参与现代学徒制的短期内部收益率 ir 与基准收益率 r 的比较结果如下：

当 $ir > r$ 时，利益相关者参与现代学徒制得到大于基准收益率 r 的收益，利益相关者获利。

当 $ir = r$ 时，利益相关者参与现代学徒制得到等于基准收益率 r 的收益，利益相关者收支平衡。

当 $ir < r$ 时，利益相关者参与现代学徒制得到小于基准收益率 r 的收益，利益相关者亏损。

利益相关者在决定是否参与现代学徒制时，当 $ir \leqslant r$ 时，利益相关者无法获得收益，以此为依据，利益相关者可能无法参与现代学徒制。与利益相关者短期净收益现值模型类似，该模型只考虑了短期收益，如果考虑人力资本的长期内部收益率，则利益相关者可以获得长期内部收益，利益相关者的内部收益率仍然可能为正值，利益相关者可以在 $ir > r$ 情况下获利。因此，利益相关者在决定是否参与现代学徒制时，不能只以短期内部收益率为依据，还应对长期内部收益率进行预估。

5.2 利益相关者中校企短期成本及收益的计算方法

5.2.1 利益相关者中校企短期成本及收益计算要素

企业参与现代学徒制短期成本主要包括：①企业与院校谈判的成本；②企业参与招生招工的成本；③企业提供硬件设施及改善维护的成本；④企业参与教学资源建设的成本；⑤企业为学生作为学徒投入的成本；⑥企业为员工作为师傅投入的成本。其中，企业与院校谈判的成本、企业参与招生招工的成本、企业提供硬件设施及改善维护的成本是企业参与现代学徒制准备过程中投入的成本。企业参与教学资源建设的成本、企业为学生作为学徒投入的成本、企业为员工作为师傅投入的成本是企业参与现代学徒制期间投入的成本。

企业参与现代学徒制的收益主要包括参与现代学徒制准备过程中和参与现代学徒制期间的短期收益，以及参与现代学徒制结束后预期的长期收益。具体包括：①学生作为学徒给企业创造的短期收益；②企业获得院校资源使用收益；③政府给予企业的政策补给收益；④人力资本投资的长期收益。

与此同时，企业要承担为留任学生提供工资、福利及保险等的成本。另外，企业参与现代学徒制还要受到不同风险的影响，包括参与现代学徒制的决策风险、现代学徒制实施期间学生作为学徒的人身安全风险、企业物资损耗及声誉损坏的风险、现代学徒制人才培养结束后学徒及技术流失的风险。因此，风险是影响企业参与现代学徒制获取收益的一个因素。

职业院校参与现代学徒制短期成本主要包括：①职业院校与企业谈判的成本；②职业院校参与招生招工的成本；③职业院校提供教学设施及改善维护的成本；④职业院校参与教学资源建设的成本；⑤职业院校为学生投入的成本。其中，职业院校与企业谈判的成本、职业院校参与招生招工的成本、职业院校提供教学设施及改善维护的成本是职业院校参与现代学徒制准备过程中投入的成本。

职业院校参与现代学徒制的收益主要包括参与现代学徒制准备过程中和参与现代学徒制期间的短期收益，以及参与现代学徒制结束后预期的长期收益。具体为：①学生因在企业培养给职业院校节约的教育成本；②职业院校获得社会资源使用收益；③政府给予职业院校的政策补给收益；④职业院校综合实力和学生就业水平提高的长期收益。

需要说明的是，对模型中的成本和收益进行计算的前提是，对成本和收益要素进行量化。企业和职业院校参与现代学徒制的短期收益可以量化，而长期收益无法量化。同时，企业和职业院校参与现代学徒制存在各种风险，大部分风险也无法量化，风险对收益的影响也难以计算。因此，本书对成本模型中的成本收益模型进行计算时，将剔除长期净收益因素和风险因素，构建企业和职业院校参与现代学徒制的短期成本收益模型。

5.2.2 利益相关者中企业短期成本的计算方法

1. 企业与院校谈判的成本计算方法

企业首先要与院校就合作事项进行谈判，其成本包括参与现代学徒制的企业员工进行信息收集的成本、谈判磋商时间成本以及决策成本，具体由企业员工在这个过程中产生的员工工资、交通食宿费用及其他费用等构成。分摊到每个学生的谈判成本C_{neg}的计算公式见式 5.7：

$$C_{neg}=\frac{T_{neg}\times W_{neg}\times N_{sta}+TR_{neg}\times N_{sta}+O_{neg}}{N_{stu}} \tag{5.7}$$

其中，T_{neg}包括参与谈判的企业员工收集信息的时间、谈判的时间；W_{neg}是参与谈判的企业员工的工资；N_{sta}是参与谈判的企业员工人数；TR_{neg}是参与谈判的企业员工交通食宿差旅费用；O_{neg}是谈判过程中产生的其他费用；N_{stu}是遴选参与现代学徒制人才培养的学生数。

2. 企业参与招生招工的成本计算方法

在招生招工环节，企业负责的工作包括企业方面的宣传和宣讲（企业文化、企业发展史、现代学徒制企业推进介绍、岗位介绍、企业工作环境及福利条件等）；企业与学生见面开展现代学徒制报名确认工作；企业联合院校进行面试筛选，以组建现代学徒制班级。其成本具体由宣传耗材费用、参与招生招工的企业员工在这个过程中产生的员工工资、交通食宿费用及其他费用等构成。分摊到每个学生的招生招工成本C_{enr}的计算公式见式 5.8：

$$C_{enr}=\frac{P_{enr}+T_{enr}\times W_{enr}\times N_{sta}+TR_{enr}\times N_{sta}+O_{enr}}{N_{stu}} \tag{5.8}$$

其中，P_{enr}是企业在招生招工过程的宣传耗材费用；T_{enr}是参与招生招工的企业员工工作时间；W_{enr}是参与招生招工的企业员工工资；N_{sta}是参与招生招工的企业员工人数；TR_{enr}是参与招生招工的企业员工交通食宿差旅费用；O_{enr}是企业在招生招工过程中产生的其他费用；N_{stu}是遴选参与招生招工的学生数。

3. 企业提供硬件设施及改善维护的成本计算方法

企业为参与现代学徒制提供硬件设施及维护成本包括：企业现代学徒制人才培养场所成本；企业投资新设施设备成本以及设施设备使用折旧成本；设施设备占用后的产能损失；设施设备的维护成本；学生给企业造成的资源损耗以及其他损失成本。硬件设施及改善维护的成本C_{hw}的计算公式见式5.9：

$$C_{hw} = C_{tp} + C_{equ} + C_{cap\_los} + C_{maint} + C_{res} + C_{oth} \tag{5.9}$$

（1）企业现代学徒制人才培养场所成本C_{tp}的计算公式

$$C_{tp} = \frac{\frac{E_{tp}}{365} \times T_{tp}}{N_{stu}} \tag{5.10}$$

其中，E_{tp}为企业现代学徒制人才培养场所费用；T_{tp}为学生参加企业学徒制培养的天数；N_{stu}为参与现代学徒制人才培养的学生数。

（2）企业投资新设施设备成本以及设施设备使用折旧成本C_{equ}的计算公式

$$C_{equ} = \frac{E_{newequ} + \frac{E_{equ} \times (1 - r_{equ})}{UC_{equ}/365} \times T_{equ}}{N_{stu}} \tag{5.11}$$

其中，E_{newequ}为投资新设施设备费用；E_{equ}为投资所有设施设备总费用；r_{equ}为设施设备折旧率；UC_{equ}为设施设备使用周期；T_{equ}为学生使用设施设备的天数；N_{stu}为参与现代学徒制人才培养的学生数。

（3）设施设备占用后的产能损失C_{cap_los}的计算公式

$$C_{cap\_los} = \frac{T_{equ} \times N_{equ\_sta} \times S_{equ\_sta}}{N_{stu}} \tag{5.12}$$

其中，T_{equ}为学生占用设施设备的天数；N_{equ_sta}为设施设备可供使用的企业员工人数；S_{equ_sta}为使用设施设备对应的企业员工的平均日工资；N_{stu}为参与现代学徒制人才培养的学生数。

（4）设施设备维护成本C_{maint}的计算公式

$$C_{maint} = \frac{M_{maint} + S_{maint}}{SCA_{sta} \times 365} \times (r_{stu\_los} - r_{sta\_los}) \times T_{equ} \tag{5.13}$$

其中，M_{maint}为维护设施设备损耗的材料费用；S_{maint}为维护设施设备人工费用；SCA_{sta}为企业员工规模；r_{stu_los}为学生使用设施设备的平均损耗比率；r_{sta_los}为企业员工使用设施设备的平均损耗比率；T_{equ}为学生使用设施设备的天数。

（5）学生给企业造成的资源损耗C_{res}的计算公式

$$C_{res}=\frac{TOT_{res}\times PERV_{res}}{SCA_{ent}\times 365}\times(r_{stu\_res\_los}-r_{sta\_res\_los})\times T_{tra} \tag{5.14}$$

其中，TOT_{res}为企业资源年均总量；$PERV_{res}$为资源单价；SCA_{ent}为企业规模；$r_{stu_res_los}$为学生对资源的平均损耗率；$r_{sta_res_los}$为企业对资源的平均损耗率；T_{tra}为使用资源的天数。

（6）其他损失成本C_{oth}的计算公式

$$C_{oth}=\frac{C_{ser\_los}}{N_{stu}} \tag{5.15}$$

其中，C_{ser_los}为学生造成的服务损失成本；N_{stu}为参与现代学徒制人才培养的学生数。

4. 企业参与教学资源建设的成本计算方法

企业参与教学资源建设包括共同研制人才培养方案、开发课程和教材、设计实施教学、组织考核评价、开展教学研究等，其计算公式见式 5.16：

$$C_{te\_res}=\frac{N_{sta\_te\_res}\times S_{sta\_te\_res}\times T_{sta\_te\_res}+E_{te\_res}+TR_{te\_res}}{N_{stu}} \tag{5.16}$$

其中，$N_{sta_te_res}$为参与教学资源建设的企业员工人数；$S_{sta_te_res}$为参与教学资源建设的企业员工日工资；$T_{sta_te_res}$为参与教学资源建设企业员工的工作天数；E_{te_res}为企业为教学资源建设投入的资源费用；TR_{te_res}为参与教学资源建设企业员工的交通食宿费用；N_{stu}为参与现代学徒制人才培养的学生数。

5. 企业为学生作为学徒投入的成本计算方法

企业为学生作为学徒投入的成本包括：企业为每个学生提供的酬金、交通食宿费用及保险成本；企业承担的每个学生在企业学习的成本，如企业学习资料、企业学习软硬件、活动经费；企业为每个学生提供奖励的成本。企业为学生作为学徒投入的成本C_{appr}的计算公式见式 5.17：

$$C_{appr} = C_{stu\_sub} + C_{stu\_lear} + C_{stu\_rew} \tag{5.17}$$

（1）企业为每个学生提供的酬金、交通食宿费用及保险成本C_{stu_sub}的计算公式

$$C_{stu\_sub} = (REW_{stu\_sub} + TR_{stu\_sub}) \times T_{stu\_sub} + INS_{stu\_sub} + O_{stu\_sub} \tag{5.18}$$

其中，REW_{stu_sub}是企业为每个学生提供的酬金；TR_{stu_sub}是企业为每个学生提供的交通食宿费；T_{stu_sub}是每个学生为企业工作的天数；INS_{stu_sub}是企业为每个学生提供的保险；O_{stu_sub}是企业为每个学生提供的其他费用。

（2）企业承担的每个学生在企业学习的成本C_{stu_lear}的计算公式

$$C_{stu\_lear} = M_{stu\_lear} + SH_{stu\_lear} + FU_{stu\_lear} + O_{stu\_lear} \tag{5.19}$$

其中，M_{stu_lear}是企业为每个学生提供的企业学习资料费用；SH_{stu_lear}是企业为每个学生提供的企业学习软硬件费用；FU_{stu_lear}是企业为每个学生提供的活动经费；O_{stu_lear}是企业为每个学生提供的企业学习其他费用。

（3）企业为每个学生提供奖励的成本C_{stu_rew}的计算公式

$$C_{stu\_rew} = \frac{SCHO_{stu\_rew} + GRA_{stu\_rew}}{N_{stu}} \tag{5.20}$$

其中，$SCHO_{stu_rew}$是企业为每个学生提供的奖学金；GRA_{stu_rew}是企业为每个学生提供的助学金；N_{stu}是参与现代学徒制人才培养的学生数。

6. 企业为员工作为师傅投入的成本计算方法

企业为员工作为师傅投入的成本包括：企业认知培训成本、企业员工作为师傅对学生进行学徒培养的成本、企业员工作为师傅因指导学生带来的企业利益损失。企业为员工作为师傅投入的成本C_{mast}的计算公式见式 5.21：

$$C_{mast} = C_{cog} + C_{appr\_edu} + C_{cap\_los} \tag{5.21}$$

（1）企业认知成本C_{cog}的计算公式

$$C_{cog} = \frac{T_{cog\_sta} \times N_{cog\_sta} \times S_{cog\_sta} + TR_{cog\_sta} + O_{cog\_sta}}{N_{stu}} \tag{5.22}$$

其中，T_{cog_sta}是为学生提供企业认知培训的企业员工培训天数；N_{cog_sta}是为学生提供企业认知培训的企业员工人数；S_{cog_sta}是为学生提供企业认知培训的企业员工日工资；TR_{cog_sta}是为学生提供企业认知培训的企业员工交通食宿费；O_{cog_sta}是为学生提供企业认知培训的企业员工其他费用；N_{stu}是参与现代

学徒制人才培养的学生数。

（2）企业员工作为师傅对学生进行学徒培养的成本C_{appr_edu}的计算公式

$$C_{appr\_edu}=\frac{T_{mast}\times N_{mast}\times S_{mast}+TR_{mast}+O_{mast}}{N_{stu}} \tag{5.23}$$

其中，T_{mast}是企业员工作为师傅对学徒进行培养的天数；N_{mast}是企业员工作为师傅对学徒进行培养的企业员工人数；S_{mast}是企业员工作为师傅对学徒进行培养的日工资；TR_{mast}是企业员工作为师傅对学徒进行培养的交通食宿费；O_{mast}是企业员工作为师傅对学徒进行培养的其他费用；N_{stu}是参与现代学徒制人才培养的学生数。

（3）企业员工作为师傅因指导学生带来的企业利益损失C_{cap_los}的计算公式

$$C_{cap\_los}=C_{cog\_los}+C_{mas\_los}+O_{mas\_los} \tag{5.24}$$

其中，C_{cog_los}、C_{mas_los}、O_{mas_los}分别是进行企业认知培训的企业员工因无法完成企业本职工作造成的利益损失、企业员工作为师傅因无法完成企业本职工作造成的利益损失、其他利益损失，其计算公式分别见式5.25、式5.26：

$$C_{cog\_los}=\frac{T_{cog\_los}\times S_{cog\_los\_sta}}{N_{stu}} \tag{5.25}$$

其中，T_{cog_los}是进行企业认知培训的企业员工培训天数；$S_{cog_los_sta}$是进行企业认知培训的企业员工本职工作的日工资；N_{stu}是参与现代学徒制人才培养的学生数。

$$C_{mas\_los}=\frac{(1-r_{mas\_los})\times S_{mas\_los}}{N_{per\_stu}} \tag{5.26}$$

r_{mas_los}是企业员工作为师傅的企业本职工作相对生产率；S_{mas_los}是企业员工作为师傅本职工作的日工资；N_{per_stu}是每一个师傅指导的学生数。

5.2.3 利益相关者中企业短期收益的计算方法

1. 学生作为学徒给企业创造的短期收益

学生作为学徒给企业创造的短期收益P_{appr}，由学徒在企业工作创造的价值和学徒给企业节约的部分用工成本构成，其计算公式见式5.27：

$$P_{appr} = P_{val} + P_{sav} \tag{5.27}$$

（1）学徒在企业工作创造的价值P_{val}的计算公式

$$P_{val} = T_{appr} \times r_{appr} \times S_{ski\_sta} \tag{5.28}$$

其中，T_{appr}为学徒在企业工作的时间；r_{appr}为学徒在完成工作任务时相对于企业熟练员工的生产能力；S_{ski_sta}为企业熟练员工的工资。

（2）学徒给企业节约的部分用工成本P_{sav}的计算公式

$$P_{sav} = T_{appr} \times S_{ski\_sta}(r + \theta) - T_{appr} \times S_{stu} \tag{5.29}$$

其中，T_{appr}为学徒在企业工作的时间；S_{ski_sta}为企业熟练员工的工资；r为企业员工平均生产力；θ为社会保险及公积金成本比率；S_{stu}为学徒工资。

2. 企业获得院校资源使用收益的计算方法

企业获得院校资源的使用收益P_{sch_res}包括使用院校场地、设备等节省的费用P_{sch_tp}，利用院校资源完成企业员工培训节省的费用P_{tr_sta}，利用院校科研力量实现技术革新节省的费用P_{tec}，其计算公式见式5.30：

$$P_{sch\_res} = P_{sch\_tp} + P_{tr\_sta} + P_{tec} \tag{5.30}$$

（1）使用院校地、设备等节省的费用P_{sch_tp}的计算公式

$$P_{sch\_tp} = \frac{PR_m - PR_s + \dfrac{E_{sch\_equ}}{UC_{sch\_equ}}(1 - r_{sch\_equ})}{N_{stu}} \tag{5.31}$$

其中，$PR_m - PR_s$是院校的场地通过市场租用的价格与通过院校租用支付的实际价格的差额；E_{sch_equ}是企业使用院校设备的费用；UC_{sch_equ}是院校设备的使用周期；r_{sch_equ}是院校设备的折旧率；N_{stu}是参与现代学徒制人才培养的学生数。

（2）利用院校资源完成企业员工培训节省的费用P_{tr_sta}的计算公式

$$P_{tr\_sta} = \frac{T_{pm} - T_{ps}}{N_{stu}} \tag{5.32}$$

其中，$T_{pm} - T_{ps}$是市场培训机构实施员工培训费用与利用院校资源实施员工培训费用的差额；N_{stu}是参与现代学徒制人才培养的学生数。

(3) 利用院校科研力量实现技术革新节省的费用P_{tec}的计算公式

$$P_{tec}=\frac{S_{sta}\times T_{tec}+V_{tec}\times r_{tear}}{N_{stu}} \tag{5.33}$$

其中，S_{sta}是企业员工进行技术革新的工资；T_{tec}是院校科研力量帮助企业实现技术革新花费的时间；V_{tec}是技术革新成果的价值；r_{tear}是院校科研力量在技术革新中的贡献率；N_{stu}是参与现代学徒制人才培养的学生数。

3. 政府给予企业的政策补给收益计算方法

政府给予企业的政策补给收益P_{gov}的计算公式见式5.34：

$$P_{gov}=\frac{TAX_{gov}+SPE_{gov}+REW_{gov}}{N_{stu}} \tag{5.34}$$

其中，TAX_{gov}是政府给予企业参与现代学徒制人才培养的税收减免费用；SPE_{gov}是政府给予企业参与现代学徒制人才培养的专项补助费用；REW_{gov}是政府给予企业参与现代学徒制人才培养的经费；N_{stu}是参与现代学徒制人才培养的学生数。

5.2.4 利益相关者中职业院校短期成本的计算方法

1. 职业院校与企业谈判的成本计算方法

职业院校首先要与企业就合作事项进行谈判，其成本包括参与现代学徒制的职业院校教职工进行信息收集成本、谈判磋商时间成本以及决策成本，具体由职业院校教职工在这个过程中产生的职业院校教职工工资、交通食宿费用及其他费用等构成。分摊到每个学生的谈判成本C_{s_neg}计算公式见式5.35：

$$C_{s\_neg}=\frac{T_{s\_neg}\times W_{s\_neg}\times N_{s\_sta}+TR_{s\_neg}\times N_{s\_sta}+O_{s\_neg}}{N_{stu}} \tag{5.35}$$

其中，T_{s_neg}包括参与谈判的职业院校教职工收集信息时间、谈判时间；W_{s_neg}是参与谈判的职业院校教职工工资；N_{s_sta}是参与谈判的职业院校教职工人数；TR_{s_neg}是参与谈判的职业院校教职工交通食宿差旅费用；O_{s_neg}是谈判过程中产生的其他费用；N_{stu}是遴选参与现代学徒制人才培养的学生数。

2. 职业院校参与招生招工的成本计算方法

在招生招工环节，职业院校负责的工作包括职业院校方面的宣传；职业院校与学生见面开展现代学徒制报名确认工作；面试筛选工作，以组建现代学徒制班级。其成本具体由宣传耗材费用、参与招生招工的职业院校教职工在这个过程中产生的职业院校教职工工资、交通食宿费用及其他费用等构成。分摊到每个学生的招生招工成本C_{s_enr}计算公式见式5.36：

$$C_{s\_enr} = \frac{P_{s\_enr} + T_{s\_enr} \times W_{s\_enr} \times N_{s\_sta} + TR_{s\_enr} \times N_{s\_sta} + O_{s\_enr}}{N_{stu}} \quad (5.36)$$

其中，P_{s_enr}是职业院校在招生招工过程的宣传耗材费用；T_{s_enr}是参与招生招工的职业院校教职工工作时间；W_{s_enr}是参与招生招工的职业院校教职工工资；TR_{s_enr}是参与招生招工的职业院校教职工交通食宿差旅费用；N_{s_sta}是参与招生招工的职业院校教职工人数；O_{s_enr}是职业院校在招生招工过程中产生的其他费用；N_{stu}是遴选参与招生招工的学生数。

3. 职业院校提供教学设施及改善维护的成本计算方法

职业院校为参与现代学徒制提供教学设施及维护的成本包括：职业院校现代学徒制人才培养场所成本、职业院校投资新设施设备成本以及设施设备使用折旧成本、设施设备等维护成本、以及其他相关损失成本。教学设施及维护成本C_{s_hw}计算公式见式5.37：

$$C_{s\_hw} = C_{s\_tp} + C_{s\_equ} + C_{s\_maint} + C_{s\_oth} \quad (5.37)$$

（1）职业院校现代学徒制人才培养场所成本C_{s_tp}的计算公式

$$C_{s\_tp} = \frac{\frac{E_{s\_tp}}{365} \times T_{s\_tp}}{N_{stu}} \quad (5.38)$$

其中，E_{s_tp}为职业院校现代学徒制人才培养场所费用；T_{s_tp}为学生参加职业院校学徒制培养的天数；N_{stu}为参与现代学徒制人才培养的学生数。

（2）职业院校投资新设施设备成本以及设施设备使用折旧成本C_{s_equ}的计算公式

$$C_{s\_equ} = \frac{E_{s\_newequ} + \frac{E_{s\_equ} \times (1 - r_{s\_equ})}{UC_{s\_equ}/365} \times T_{s\_equ}}{N_{stu}} \quad (5.39)$$

其中，E_{s_newequ}为投资新设施设备费用；E_{s_equ}为投资所有设施设备总费用；r_{s_equ}为设施设备折旧率；UC_{s_equ}为设施设备使用周期；T_{s_equ}为学生使用设施设备天数；N_{stu}为参与现代学徒制人才培养的学生数。

（3）设施设备维护成本C_{s_maint}的计算公式

$$C_{s\_maint} = \frac{M_{s\_maint} + S_{s\_maint}}{365} \times r_{s\_stu\_los} \times T_{s\_equ} \tag{5.40}$$

其中，M_{s_maint}为维护设施设备损耗的材料费用；S_{s_maint}为维护设施设备人工费用；$r_{s_stu_los}$为学生使用设施设备的损耗比率；T_{s_equ}为学生使用设施设备天数。

（4）相关损失成本C_{s_oth}的计算公式

$$C_{s\_oth} = \frac{C_{s\_ser\_los}}{N_{stu}} \tag{5.41}$$

其中，$C_{s_ser_los}$为学生造成的损失成本；N_{stu}为参与现代学徒制人才培养的学生数。

4. 职业院校参与教学资源建设的成本计算方法

职业院校参与教学资源建设的成本包括共同研制人才培养方案、开发课程和教材、设计实施教学、组织考核评价、开展教学研究等，其计算公式见式5.42：

$$C_{s\_te\_res} = \frac{N_{s\_sta\_te\_res} \times S_{s\_sta\_te\_res} \times T_{s\_sta\_te\_res} + E_{s\_te\_res} + TR_{s\_te\_res}}{N_{stu}} \tag{5.42}$$

其中，$N_{s_sta_te_res}$为参与教学资源建设的职业院校教职工人数；$S_{s_sta_te_res}$为参与教学资源建设的职业院校教职工日工资；$T_{s_sta_te_res}$为参与教学资源建设职业院校教职工的工作天数；$E_{s_te_res}$为职业院校为教学资源建设投入的资源费用；$TR_{s_te_res}$为参与教学资源建设职业院校教职工的交通食宿费用；N_{stu}为参与现代学徒制人才培养的学生数。

5. 职业院校为学生投入的成本计算方法

职业院校为学生投入的成本C_{s_appr}包括：职业院校承担的每个学生在校学习的成本、职业院校为每个学生提供奖励的成本。职业院校为学生作为学徒投入的成本C_{s_appr}的计算公式见式5.43：

$$C_{s\_appr} = C_{s\_stu\_lear} + C_{s\_stu\_rew} \tag{5.43}$$

（1）职业院校承担每个学生在校学习的成本$C_{s_stu_lear}$的计算公式

$$C_{s\_stu\_lear} = M_{s\_stu\_lear} + SH_{s\_stu\_lear} + FU_{s\_stu\_lear} + O_{s\_stu\_lear} \tag{5.44}$$

其中，$M_{s_stu_lear}$是职业院校为每个学生提供的学习资料费用；$SH_{s_stu_lear}$是职业院校为每个学生提供的学习软硬件费用；$FU_{s_stu_lear}$是职业院校为每个学生提供的活动经费；$O_{s_stu_lear}$是职业院校为每个学生提供的其他学习费用。

（2）职业院校为每个学生提供奖励的成本$C_{s_stu_rew}$的计算公式

$$C_{s\_stu\_rew} = \frac{SCHO_{s\_stu\_rew} + GRA_{s\_stu\_rew}}{N_{stu}} \tag{5.45}$$

其中，$SCHO_{s_stu_rew}$是职业院校为每个学生提供的奖学金；$GRA_{s_stu_rew}$是职业院校为每个学生提供的助学金；N_{stu}是参与现代学徒制人才培养的学生数。

5.2.5　利益相关者中职业院校短期收益的计算方法

1. 学生因在企业培养给职业院校节约的教育成本计算方法

学生因在企业培养给职业院校节约的教育成本P_{s_sav}的计算公式如下：

$$P_{s\_sav} = C_{s\_stus} \times N_{stu} \tag{5.46}$$

其中，C_{s_stus}是学生在校培养的平均成本；N_{stu}是参与现代学徒制人才培养的学生数。

2. 职业院校获得社会资源使用收益的计算方法

职业院校获得社会资源使用收益$P_{s_sch_res}$包括：通过社会捐赠等形式获得使用办学地、设备等节省的费用$P_{s_sch_tp}$，开展社会培训获得的收益$P_{s_tr_sta}$，院校通过科研力量实现技术革新获得的收益P_{s_tec}，其计算公式见式 5.47：

$$P_{s\_sch\_res} = P_{s\_sch\_tp} + P_{s\_tr\_sta} + P_{s\_tec} \tag{5.47}$$

（1）获得使用办学地、设备等节省的费用$P_{s_sch_tp}$的计算公式

$$P_{s\_sch\_tp} = \frac{PR_{s\_m} - PR_{s\_s} + \dfrac{E_{s\_sch\_equ}}{UC_{s\_sch\_equ}}(1 - r_{s\_sch\_equ})}{N_{stu}} \tag{5.48}$$

其中，$PR_{s_m} - PR_{s_s}$是院校的场地市场租用价格与通过院校租用支付的实际价格的差额；$E_{s_sch_equ}$是企业使用院校设备的费用；$UC_{s_sch_equ}$是院校设备的

使用周期；$r_{s_sch_equ}$是院校设备的折旧率；N_{stu}是参与现代学徒制人才培养的学生数。

（2）开展社会培训获得的收益$P_{s_tr_sta}$的计算公式

$$P_{s\_tr\_sta} = \frac{T_{s\_pm} - C_{s\_ps}}{N_{stu}} \tag{5.49}$$

其中，$T_{s_pm} - C_{s_ps}$是职业院校获得的培训费与院校培训成本的差额；N_{stu}是参与现代学徒制人才培养的学生数。

（3）职业院校通过科研力量实现技术革新获得的收益P_{s_tec}的计算公式

$$P_{s\_tec} = \frac{S_{s\_sta} \times T_{s\_tec} + V_{s\_tec} \times r_{s\_tear}}{N_{stu}} \tag{5.50}$$

其中，S_{s_sta}是职业院校教职员工进行技术革新的工资；T_{s_tec}是职业院校科研力量帮助实现技术革新花费的时间；V_{s_tec}是技术革新成果的价值；r_{s_tear}是职业院校科研力量在技术革新中的贡献率；N_{stu}是参与现代学徒制人才培养的学生数。

3. 政府给予职业院校的政策补给收益计算方法

政府给予职业院校的政策补给收益P_{s_gov}主要包括政府给予企业参与现代学徒制人才培养的专项补助、经费奖励等，其计算公式见式 5.51：

$$P_{s\_gov} = \frac{SPE_{s\_gov} + REW_{s\_gov}}{N_{stu}} \tag{5.51}$$

其中，SPE_{s_gov}是政府给予职业院校参与现代学徒制人才培养的专项补助费用；REW_{s_gov}是政府给予职业院校参与现代学徒制人才培养的经费奖励；N_{stu}是参与现代学徒制人才培养的学生数。

5.3 基于博弈论的利益相关者中校企收益分配模型构建

5.3.1 利益相关者中校企博弈要素和假设

1. 博弈要素

博弈论是研究决策主体的行为发生直接相互作用时的决策以及这种决策的均衡问题的理论。企业（企业方）和职业院校（校方）作为现代学徒制利益相关者，在现代学徒制学生培养博弈过程中，双方根据各自掌握的信息及对自身能力的认识，都会做出从现代学徒制人才培养中获得最大收益的决策。具体来说，现代学徒制利益相关者博弈要素包括：

（1）参与人

参与人指的是一个博弈中的决策主体，为了达到各自的目的参与博弈竞争，通过选择行动（或战略）以最大化自己的支付（效用）水平。现代学徒制中利益相关者博弈中的参与人主要是企业和职业院校。

（2）行动

行动指的是参与人在博弈的某个时点的决策。与行动相关的一个重要问题是行动顺序。比如，在现代学徒制人才培养中，如果校方是发起者，企业方是响应者，在没有收益约束协议的前提下，校企作为博弈参与人，进行的是序贯非合作博弈。

（3）战略

战略指的是参与人会选择实际可行的行动规则。现代学徒制中参与人的战略有两种，即参与和不参与，但只有校方和企业方均参与现代学徒制才能够实施，战略才具有研究和实际意义。

（4）支付

支付指的是博弈竞争的结果，是参与人确定的一组策略函数。现代学徒制的参与人分别在非合作博弈和合作博弈背景下，选择参与战略后，会获得一定的净利益结果，这个净利益结果即为支付。

（5）均衡

均衡指的是所有参与人的最优战略或行动的组合。本书分别对非合作博弈和合作博弈背景下的现代学徒制中利益相关者收益均衡进行分析，并通过比较，选择实现全体利益相关者利益最大化的均衡。

2. 博弈假设

为进行现代学徒制中利益相关者的博弈分析，需做出如下假设：

①校方和企业方是现代学徒制中利益相关者的主体，是具有利益偏好的经济理性人，双方在博弈过程中的相关决策行为符合经济理性的法则。

②学生给校方创造的价值为 S，给企业方创造的价值为 E。

③学生培养的成本是$\frac{1}{2}C\lambda^2$，其中，C 是一个可以估算的学生培养成本常量；λ（$0\leqslant\lambda\leqslant1$）是企业参与现代学徒制人才培养的努力程度系数。在不影响变量间函数关系的前提下，为简化计算，在学生培养成本的表达式中加入

系数$\frac{1}{2}$。

④当企业方完成现代学徒制人才培养工作时，校方应给予企业方一定的培养补贴，假设校方支付给企业方培养补贴系数为 t。

以 T_NP、E_NP、S_NP 分别表示校企合作参与现代学徒制人才培养时的总净收益、企业方净收益和校方净收益，并可计算得到：

$$T\_NP = (S+E)\lambda - \frac{1}{2}C\lambda^2 \tag{5.52}$$

$$E\_NP = E\lambda - \frac{1}{2}C\lambda^2(1-t) \tag{5.53}$$

$$S\_NP = S\lambda - \frac{1}{2}C\lambda^2 t \tag{5.54}$$

5.3.2 利益相关者中校企收益分配均衡分析

考虑到校企合作出发点和情境的差异，会采用不同类型的博弈方式，以达到特定的合作目标。在校企现代学徒制人才培养博弈行为互相作用时，如果双方没有达成收益分配的约束协议，就属于非合作博弈，实现个体收益最大化的目标；如果双方达成收益分配的约束协议，就属于合作博弈，实现团体总净收益最大化的目标。

1. 非合作博弈下的收益分配均衡分析

企业参与动力不足、积极性不高是造成校企联合培养的现代学徒制难以深入和持续的一个因素。因此，首先满足企业收益分配诉求，推动企业积极参与现代学徒制人才培养，可以通过基于非合作博弈下的收益分配均衡分析，确定学校补贴、企业努力程度、双方各自净收益以及总净收益。

从博弈行动顺序看，通常校方为发起者，企业方为响应者，即校方对企业方承诺提供学徒制培养成本费用，给予补贴 t，企业方在获得补贴 t 后，再确定努力程度 λ。这属于序贯非合作博弈均衡分析，其解称为斯坦克尔伯格均衡。对于本研究而言，斯坦克尔伯格均衡解是求得校方补贴系数 t 和企业方努力程度 λ，并得到 λ 和 t 的关系。在得到斯坦克尔伯格均衡解后，可进一步求得现代学徒制人才培养的总净收益、校企双方各自净收益。对于斯坦克尔伯格均衡解（t，λ），将采用逆向归纳法进行求解。

首先，求出 λ 的反应函数。由于需首要满足企业收益诉求，保证企业净收益最大化。因此对企业净收益，即对式（5.53）中 λ 求一阶导数，并令其为 0，得到：

$$\lambda = \frac{E}{C\ (1-t)} \tag{5.55}$$

然后，确定 λ 和 t 的关系。由于$\frac{\partial\ \lambda}{\partial\ t} = \frac{E}{C\ (1-t)^2} > 0$，说明企业方现代学徒制人才培养的努力程度 λ 与校方补贴 t 正相关，t 越大，企业方努力程度越大。由此可得出，在校企现代学徒制人才培养收益分配中，校方为激励企业方加大现代学徒制人才培养的力度，可以向企业方支付更高的补贴。

其次，求出校方补贴系数 t 和企业方努力程度 λ，即斯坦克尔伯格均衡解。将 λ 反应函数，即将式（5.55）代入校方净收益式（5.54）中，对其中 t 求一阶偏导数，并令其为 0，以保证校方净收益最大化，则得到校方现代学徒制人才培养补贴系数：

$$t^* = \frac{2S-E}{2S+E} \quad s > \frac{E}{2} \tag{5.56}$$

将式（5.56）代入式（5.55）中，得到企业方现代学徒制人才培养努力程度$\lambda^* = \frac{2S+E}{2C}$。因此，在校方与企业方进行非合作博弈时，其斯坦克尔伯格均衡解为：

$$(t^*,\ \lambda^*) = \left(\frac{2S-E}{2S+E},\ \frac{2S+E}{2C}\right)$$

最后，求出各方收益。在斯坦克尔伯格均衡情况下，总净收益$T_NP^* = \frac{(S+E)\ (2S+E)}{2C} - \frac{(2S+E)^2}{8C}$；企业方净收益 $E\_NP^* = \frac{E\ (2S+E)}{2C} - \frac{(2S+E)^2\ (1-t)}{8C}$；校方净收益$S_NP^* = \frac{S\ (2S+E)}{2C} - \frac{(2S+E)^2 t}{8C}$。

2. 合作博弈下的收益分配均衡分析

为使校企联合培养的现代学徒制能够持续深入推进，不应只考虑个体收益，还应考虑到所有利益相关者的收益。因此，要使校企双方的收益都有所增加，或者至少使一方的收益增加，而另一方的收益不受损害，可以通过基于合作博弈下的收益分配均衡分析，制定收益约束，在实现校企合作总净收益最大化前提下，来确定学校补贴 t 和企业努力程度 λ。为了使合作博弈下总净收益最大，对校企合作总净收益即对式（5.55）中 λ 求一阶偏导数，并取值为0，进而求得企业方努力程度$\lambda^* = \frac{S+E}{C}$。在合作博弈均衡情况下，总净收益为$\overline{T_NP^*} = \frac{(S+E)^2}{C} - \frac{(S+E)^2}{2C} = \frac{(S+E)^2}{2C}$；企业方净收益为$\overline{E_NP^*} = \frac{(S+E)\ E}{C} - \frac{(S+E)^2\ (1-t)}{2C}$；校方净收益为$\overline{S_NP^*} = \frac{S\ (S+E)}{C} - \frac{(S+E)^2 t}{2C}$。其合作博弈收益分配均衡解集应满足：

$$N(\bar{t}^*,\ \overline{\lambda^*})$$

$$= \{(\bar{t}^*,\ \overline{\lambda^*}) \mid \overline{S\_NP^*}(\bar{t}^*,\ \overline{\lambda^*}) \geqslant \overline{S\_NP^*},\ \overline{E\_NP^*}(\bar{t}^*,\ \overline{\lambda^*}) \geqslant E\_NP^*\}$$

该集合表明合作博弈下的校方和企业方净收益应大于等于非合作博弈下的校方和企业方净收益，即

$$\begin{aligned} \Delta S\_NP &= \overline{S\_NP^*} - S\_NP^* \\ &= \frac{S\ (S+E)}{C} - \frac{(S+E)^2 t}{2C} - \frac{S(2S+E)}{2C} + \frac{(2S+E)^2 t}{8C} \geqslant 0 \end{aligned} \tag{5.57}$$

$$\begin{aligned} \Delta E\_NP &= \overline{E\_NP^*} - E\_NP^* \\ &= \frac{(S+E)\ E}{C} - \frac{(S+E)^2\ (1-t)}{2C} - \frac{E\ (2S+E)}{2C} + \frac{(2S+E)^2\ (1-t)}{8C} \geqslant 0 \end{aligned} \tag{5.58}$$

由式（5.57）、式（5.58）可以求出学校补贴范围，即$\frac{4S-E}{4S+3E} \leqslant \bar{t}^* \leqslant \frac{4S}{4S+3E}$。因此，在校企进行合作博弈时，其博弈均衡解集为：

$$N(\bar{t}^*,\ \overline{\lambda^*}) = \left\{(\bar{t}^*,\ \overline{\lambda^*}) \mid \frac{4S-E}{4S+3E} \leqslant \bar{t}^* \leqslant \frac{4S}{4S+3E},\ \overline{\lambda^*} = \frac{S+E}{C}\right\}$$

可以看到，$N(\bar{t}^*,\ \overline{\lambda^*})$非空，说明企业方和校方能获得比非合作博弈情况下更多的收益，其剩余总净收益记为 $\Delta T\_NP = \overline{T\_NP^*} - T\_NP^* = \frac{E^2}{8C}$。由此可以得出，合作博弈时的收益大于非合作博弈时的收益，校企应选择合作博弈方式进行培养。

对于剩余总净收益，可以在校企间进行分配，并基于讨价还价模型从合作博弈均衡解集中得到唯一的子博弈精练均衡结果，即确定校方补贴和企业

方努力程度的唯一解。剩余总净收益需经校企双方谈判和讨价还价完成分配，可以遵循罗宾斯坦讨价还价模型进行分析，需应用无限期轮流出价博弈中唯一的子博弈精练均衡结果：$r^* = \frac{(1-\delta_2)}{(1-\delta_1\delta_2)}$。其中，$\delta_1$代表企业方的耐心程度，$\delta_2$代表校方的耐心程度。耐心程度取决于校企各自的风险偏好程度、谈判成本等。耐心程度越高的一方，获得的剩余收益就越大。在δ_1和δ_2已知的情况下，企业方可获得的剩余净收益为 $\Delta E\_NP = (1-r^*)\Delta T\_NP = \frac{\delta_2(1-\delta_2)E^2}{8(1-\delta_1\delta_2)C}$；校方可获得的剩余净收益为：$\Delta S\_NP = r^*\Delta T\_NP = \frac{(1-\delta_2)E^2}{8(1-\delta_1\delta_2)C}$。校方补贴系数为$\overline{t^*} = t_{\max} - \frac{\Delta S_NP}{\overline{Y^*}} = t_{\min} + \frac{\Delta E_NP}{\overline{Y^*}} = \frac{4S-E}{4S+3E} + \frac{\delta_2(1-\delta_1)E^2}{4(1-\delta_1\delta_2)(S+E)^2}$，其中校方补贴下限、上限和学生培养成本分别为：$t_{\min} = \frac{4S-E}{4S+3E}$，$t_{\max} = \frac{4S}{4S+3E}$，$\overline{Y^*} = \frac{1}{2}C\overline{\lambda^*}^2 = \frac{(S+E)^2}{2C}$。因此，在校方与企业方进行合作博弈时，其唯一均衡解为：$(\overline{t^*}, \overline{\lambda^*}) = \left(\frac{4S-E}{4S+3E} + \frac{\delta_2(1-\delta_1)E^2}{4(1-\delta_1\delta_2)(S+E)^2}, \frac{S+E}{C}\right)$。

5.3.3 利益相关者中校企收益分配均衡模拟

1. 收益分配均衡耐心程度估计方法

通过上述分析可以发现，合作博弈时的现代学徒制收益大于非合作博弈时的现代学徒制收益。而合作博弈剩余收益分配以及唯一均衡解的确定取决于校企耐心程度的确定。本书采用模糊综合评判法确定校企的耐心程度系数。而耐心程度主要受行业地位、谈判成本和风险偏好三个因素影响。首先定义因素集：U= {行业地位，谈判成本，风险偏好}。然后依据影响程度不同，定义三个因素的权向量 $F = \{f_1, f_2, f_3\}$，并且将各因素的评价集定义为 V= {低，较低，中等，较高，高}，其对应的量值为 $V = \{0.1, 0.3, 0.5, 0.7, 0.9\}$，表示评价集各元素与耐心程度系数值大小的对应关系。其次确定从 U 到 V 的模糊关系矩阵，经过专家评价，对耐心程度系数进行评估，形成关于三种因素不同评价程度的关系对应表（见表5－1），并按照评价集的五个等级对影响耐心程度的三个因素进行评价。综合所有专家的评价结果，将每个因素各个等级的评价结果折合成［0，1］区间的数值。通过矩阵方式的计算，得到三个影响耐心程度因素的模糊向量：$F_{行业地位}$，$F_{谈判成本}$，$F_{风险偏好}$。

表 5-1　　耐心程度评价标准

因素	低	较低	中等	较高	高
行业地位	核心竞争力很低	核心竞争力较低	核心竞争力一般	核心竞争力较高	核心竞争力很高
谈判成本	谈判成本很高	谈判成本较高	谈判成本一般	谈判成本较低	谈判成本很低
风险偏好	风险承受能力很低	风险承受能力较低	风险承受能力一般	风险承受能力较高	风险承受能力很高

将上述三个评价结果合成一个矩阵，得到从 U 到 V 的模糊关系矩阵：

$$\boldsymbol{W}=\begin{bmatrix}F_{行业地位}\\F_{谈判成本}\\F_{风险偏好}\end{bmatrix}=\begin{bmatrix}w_{11} & w_{12} & w_{13} & w_{14} & w_{15}\\w_{21} & w_{22} & w_{23} & w_{24} & w_{25}\\w_{31} & w_{32} & w_{33} & w_{34} & w_{35}\end{bmatrix}$$

进行模糊综合评判得到：

$$D=F\times W=[f_1\ f_2\ f_3]\times\begin{bmatrix}w_{11} & w_{12} & w_{13} & w_{14} & w_{15}\\w_{21} & w_{22} & w_{23} & w_{24} & w_{25}\\w_{31} & w_{32} & w_{33} & w_{34} & w_{35}\end{bmatrix}=[d_1\quad d_2\quad d_3\quad d_4\quad d_5]$$

经过归一化处理得到：

$$D'=[d_1'\quad d_2'\quad d_3'\quad d_4'\quad d_5']$$

最后求得耐心程度的系数大小：

$$\delta=D'\times V^T=[d_1'\quad d_2'\quad d_3'\quad d_4'\quad d_5']\times\begin{bmatrix}0.1\\0.3\\0.5\\0.7\\0.9\end{bmatrix}$$

$$=0.1\,d_1'+0.3\,d_2'+0.5\,d_3'+0.7\,d_4'+0.9\,d_5'$$

2. 收益分配均衡验证

首先，针对企业和学校联合进行现代学徒制人才培养，定义估算参数：$S=50$；$E=50$；$t=4$；$C=1000$。

其次，根据耐心程度估计方法，计算企业方耐心程度系数。根据表 5－1 进行评判，综合得到的模糊关系矩阵为：

$$\boldsymbol{W}=\begin{bmatrix}0.5 & 0.1 & 0.2 & 0.2 & 0\\ 0.2 & 0.3 & 0.3 & 0.1 & 0.1\\ 0.3 & 0.1 & 0.1 & 0.2 & 0.3\end{bmatrix}$$

再次，为各因素假设相应的权向量 F = ［0.4　0.3　0.3］，进行模糊综合评判，得到 $D=F\times W=[0.35\quad 0.16\quad 0.2\quad 0.17\quad 0.12]$。表明耐心程度五个等级（低、较低、中等、较高、高）分别占 0.35、0.16、0.2、0.17、0.12，进而计算出企业方的耐心程度系数：

$$\delta_1=D\times V^T=[0.35\quad 0.16\quad 0.2\quad 0.17\quad 0.12]\times\begin{bmatrix}0.1\\ 0.3\\ 0.5\\ 0.7\\ 0.9\end{bmatrix}=0.41$$

最后，将上述方法应用于校方耐心程度模糊关系矩阵的计算，并进一步计算出校方的耐心程度系数 $\delta_2=0.35$。在此基础上，得到子博弈精练均衡结果：

$$r^*=\frac{1-\delta_2}{1-\delta_1\delta_2}=0.759$$

求得上述参数后，分别代入斯坦克尔伯格均衡与合作博弈均衡解集中，得到非合作博弈下 $(t^*, \lambda^*)=(0.33, 0.075)$；合作博弈下 $(t^*, \lambda^*)=(0.44, 0.1)$。可以看到，随着校方对企业方补贴的增加，企业方的现代学徒制人才培养努力程度也随之增强，这与非合作博弈下的收益分配分析相符。

分别针对非合作博弈和合作博弈，计算各自净收益，得到非合作博弈下总净收益 $T\_NP^*=4.7$，企业方净收益 $E\_NP^*=1.9$，校方净收益 $S\_NP^*=2.8$；合作博弈下总净收益 $\overline{T\_NP^*}=5$，企业方净收益 $\overline{E\_NP^*}=2.2$，校方净收益 $\overline{E\_NP^*}=2.8$。可以看到，校企双方在进行合作博弈时，总净收益、企业方的净收益都比非合作时有所增加，即双方采用合作博弈比非合作博弈时能创造更多的收益。这与合作博弈下的收益分配分析相符。

5.3.4 利益相关者中校企收益分配结论

现代学徒制是利益相关者主体相互博弈，寻求“共赢”的过程。利益相关者收益诉求不同，造成合作过程出现各种矛盾和冲突，使现代学徒制形式的校企合作难以深入和持续，急需合理的机制来协调。应用博弈理论对现代学徒制校企合作收益分配进行分析，能够满足各方收益诉求，有利于推动现代学徒制校企合作长期有序发展。

第一，通过非合作博弈收益均衡分析发现，校方可以为企业方提供更高的培养补贴，以更好地提高企业方加大现代学徒制人才培养的努力程度，提高企业方的参与积极性，从而使校企合作进行现代学徒制人才培养的总净收益得到提高。

第二，通过合作博弈收益分配均衡分析发现，校企双方在合作博弈时的现代学徒制人才培养总净收益大于非合作博弈时的现代学徒制人才培养总净收益。因此，在保证总净收益最大化前提下，企业方与校方应该偏好于采用合作博弈方式，签订收益分配约束协议，保证校企双方的收益都有所增加，从而提高培养总净收益。

第三，对于合作博弈时产生的剩余收益可以遵循罗宾斯坦讨价还价模型进行分析和分配。分配过程取决于校企在现代学徒制人才培养过程中的耐心程度，它会受行业地位、谈判成本和风险偏好三个因素的影响。耐心程度越高，分配的剩余收益越多。

6　现代学徒制中利益相关者收益分配机制框架及实现路径研究

6.1　现代学徒制中利益相关者收益分配的基本原则和基本方式

6.1.1　收益分配的基本原则

随着现代学徒制中利益相关者，尤其是校企作为核心利益相关者的合作程度不断深入、合作模式不断改进，收益分配方式也不断丰富。因此，需要建立公平合理的收益分配机制，增强校企双方合作的长期稳定。其基本原则主要包括：

（1）组织合理性原则

在现代学徒制实施过程中，遵循合作组织利益最大化原则是收益分配的前提，不能因为个体收益而损害整体收益。只有达到整体收益最大化，个体才能分得更多的收益。当然，必须保障现代学徒制利益相关者通过合作所得收益大于其单独行动获得的收益。

（2）互惠互利原则

现代学徒制实施过程中的收益分配可以保证现代学徒制中利益相关者的基本收益，并且不会对相互之间合作的积极性造成消极影响。只有遵循互惠互利原则，合作才可能继续，否则容易导致合作中止或失败。

（3）协商让利原则

在收益分配过程中，如果合作协议中没有规定或出现规定不明确的收益，最容易引起合作的纠纷。如果发生纠纷，应根据实事求是、充分协商的原则解决。如果合作的任意一方对收益分配的结果产生怀疑，将导致合作的不稳定或者低效率。因此，必须通过合作及协商解决新出现的收益分配问题。

（4）风险补偿原则

一般来讲，在现代学徒制实施过程中，与职业院校相比，企业承担的风险更大。因此，在收益分配的过程中，要充分考虑企业的风险因素，职业院校和企业获得的收益应与其承担的风险相适应，否则，将对企业参与现代学徒制产生消极的影响。

6.1.2 收益分配的基本方式

现代学徒制中利益相关者收益分配的基本方式主要包括以下三种：

①政府拨付现代学徒制人才培养专项经费。该经费由政府直接拨付院校，主要有以下三种用途：其一，用于支付现代学徒制试点工作运行经费，包括院校相关部门在现代学徒制试点工作中发生的会议费、交通费、调研费、宣传费、校外专家论证费、对试点项目及试点企业的考核评估费等工作经费；其二，用于支付现代学徒制试点工作建设经费，包括学校为学徒学生支付的责任保险、工伤保险，学徒学生在工学交替过程中发生的交通费、补助等，校内教师的课时补助，校内教师进入试点企业服务的住宿、伙食及交通等补贴，到学校带徒任教的企业技能人才的住宿、交通及课时费补助，技能名师工作室学徒示范建设而发生的大师培养费、团队建设费、名师专项奖补费用等；其三，用于支付现代学徒制试点企业的奖补费用，包括按规定支付给现代学徒制试点企业的工作经费、团队建设经费、各项奖补经费，试点企业的带徒师傅的补助、水电费、实习耗材补贴费等。

②院校一次性或者分期支付给企业培养补贴费。院校将现代学徒制人才培养补贴费支付给企业时，可以选择一次性付清，这种方式一般适合科研技术较成熟、期限较短的校企合作；也可以选择采用分期付款的方式支付转让费用。

③接受的社会捐赠或教育基金等其他社会组织提供的现代学徒制试点工作经费，应保障直接拨付给院校和企业。

6.2 现代学徒制中利益相关者收益分配机制框架设计

考虑到利益相关者利益最大化的需求，从动力机制、激励机制、合作运行机制、反馈与提高机制四个维度设计现代学徒制中利益相关者收益分配机制框架，如图 6 - 1 所示。在此框架下，职业院校和企业通过联合招生、培养，双主体育人、双导师教学、学生双重身份认定，成本分担实现责任共担及合作共赢。

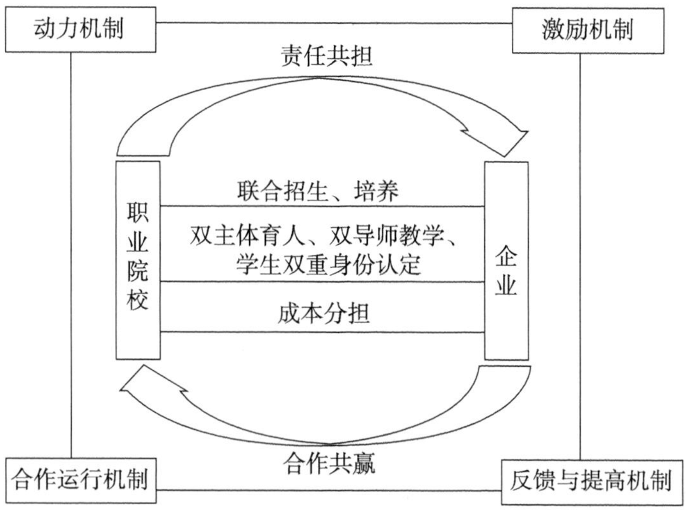

图 6－1　收益分配机制框架

6.2.1　收益分配动力机制

1. 动力机制构建的必要性分析

从现代学徒制实施的过程来看，互利共赢是构建现代学徒制中利益相关者收益分配机制框架的支点和动力。因此，必须以互利共赢为原则构建现代学徒制中利益相关者收益分配动力机制。其中，政府是现代学徒制实施的外部推动力，制定现代学徒制相关政策。

动力机制指驱动现代学徒制持续深入开展的一切有利因素，以及这些因素形成的力量结构体系与运行规则。它是实现现代学徒制收益分配机制的首要因素，包括内部动力机制和外部动力机制，政府是外部动力机制构建的主导，企业和职业院校是构建内部动力机制的关键，动力机制框架如图 6－2 所示。

互利共赢是实施现代学徒制的动力机制基本原则。寻求现代学徒制中利益相关者的互利共赢是推动现代学徒制实施的动力，构建动力机制的关键在于如何最大限度地满足利益相关者的利益诉求。现代学徒制中利益相关者合作收益是决定现代学徒制稳定持续的核心因素。其中，基于前述研究分析，校企合作博弈收益是关键，是校企双方相互博弈、寻求“双赢”的过程。

2. 构建现代学徒制收益分配的内部动力机制

分析合作内在需求，构建内部动力机制。内部动力机制是企业和院校合

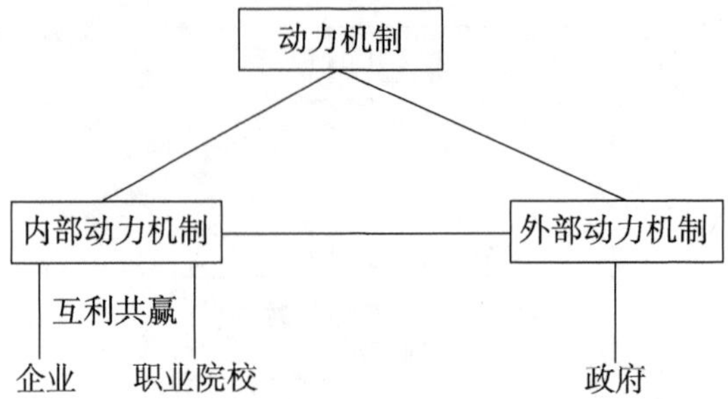

图6－2 动力机制框架

作的内在原动力。通过分析校企合作中企业和院校的内在需求，寻求校企合作的动机点，构建校企合作的内部动力机制。对于院校，合作的内部动力有：一是获得人才需求信息，明确专业结构调整，优化人才培养方案；二是有效利用企业资源，为学生提供实训实验教学环境，为教师提供学习进修基地；三是提高学生实践操作能力；四是共同研发项目，获得经费资助和技术支持。对于企业，合作的内部动力有：一是有效利用学校的人才、信息等资源为企业提供技术支持；二是通过现代学徒制人才培养模式为企业提供人才保障；三是充分利用学校的优质教学资源，服务企业员工培训；四是利用学校共享资源，降低生产成本；五是通过政策性优惠获得实际经济效益；六是提升企业知名度，树立企业良好社会形象。

3. 构建现代学徒制收益分配的外部动力机制

营造良好合作氛围，构建外部动力机制。现代学徒制长效机制的构建必须建立政府主导的外部动力机制，外部动力机制是企业和院校合作的外在推动力。在校企合作中，政府的主导作用更多体现在把握方向和政策引导上。政府应充分发挥指导和监督的作用，运用政策手段和经济杠杆调动企业参与校企合作的积极性：首先，制定校企合作的鼓励政策，落实税费减免和资金扶持；其次，出台校企合作的规范文件，维护校企双方的合法利益；最后，强化校企合作的统筹功能，建立“政企行学”的四方联动机制，推动校企合作的深度对接。

4. 发挥政府对建立现代学徒制收益分配动力机制的引导作用

政府层面对建立现代学徒制收益分配动力机制有引导作用。需要制定或完善国家资助制度，保障现代学徒制经费稳定投入；地方政府层面落实经费投入保障机制，完善经费管理制度。对投资方向准确、把握大、效益高的项目，政府要重点扶持，在筹措资金时给予优先和优惠，多渠道、多形式地为现代学徒制解决资金不足的问题。

6.2.2 收益分配激励机制

1. 激励机制构建的必要性分析

现代学徒制作为一项系统工程，其动力是企业、院校等利益相关者协同的系统动力机制，而提升现代学徒制实施动力的关键是激发各利益相关主体的积极性，即激励机制。激励机制指在现代学徒制实施的过程中，激励主体系统运用多种激励手段并使之规范化和相对固定化，而与激励客体（现代学徒制中利益相关者）相互作用、相互制约的结构、方式、关系及演变规律的运行规则，它是实现现代学徒制收益分配机制的核心要素。激励机制不仅是现代学徒制中利益相关者收益分配的力量源泉，也是推动现代学徒制中利益相关者收益分配实现的必由之路。

透视国内现代学徒制中利益相关者收益分配的现状，激励机制的构建存在诸多问题。一是政策方面的激励机制的问题：①现代学徒制经费需有长期投入机制；②现代学徒制中利益相关者收益分配的财税政策实施力度不够。二是校企内部的激励机制的问题：①激励分配机制不够科学；②激励手段过于简单；③缺乏利益共享机制。因此，校企协同技术技能积累的激励机制从政策激励和校企合作激励两个方面进行构建，激励机制框架如图 6－3 所示：

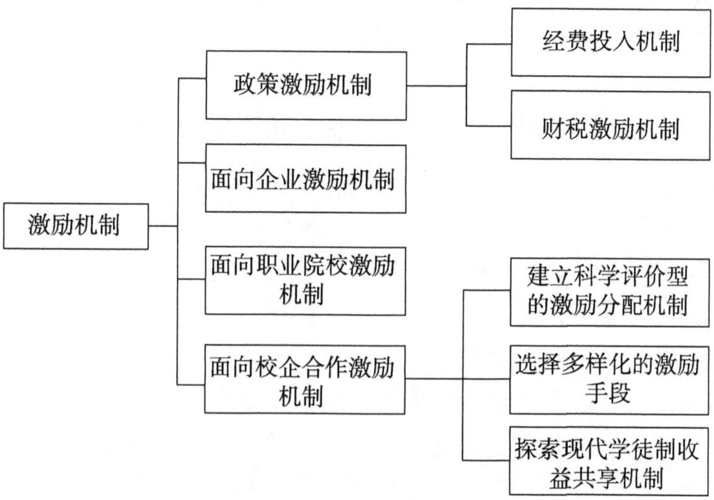

图 6－3 激励机制框架

2. 健全现代学徒制实施的政策激励

（1）制定经费投入机制。制定各级政府、行业系统、企业和职业院校的经费投入机制，明确经费投入方式、支持范围、支付额度等。

（2）实施积极的财税激励政策。一是制定优惠的财税政策，建立稳定的现代学徒制激励机制，对于参与现代学徒制的企业允许以较大比例直接抵扣税收；二是向进行现代学徒制人才培养的校企倾斜，给予更多的财政政策优惠。

3. 面向企业的激励机制

现代学徒制中的企业激励是一个系统工程，涉及多个部门，包括教育部门、财政部门、工商部门、税务部门以及人力资源和社会保障部门。目前，教育部门仍是制定现代学徒制政策的主体部门，与其他相关部门的协调与合作不够。在利益相关者共同参与的框架下，政府应以“统筹”和“服务”为引擎，通过法制建设、制度保障、政策服务等方法促进现代学徒制发展。

（1）法制建设

企业具有服务社会的责任，参与现代学徒制人才培养属于承担服务教育的责任，可以通过国家立法强化企业的这一社会责任。首先，通过国家层面的立法，确定企业作为现代学徒制主体的地位，厘清企业的职责，明确企业参与现代学徒制的相关权利、义务和责任，对未承担相应责任、未履行相关义务的企业制定合理的惩罚措施。其次，鼓励条件成熟的地区根据当地条件，制定具有可行性的地方性法规和管理办法，完善和规范职业院校和企业合作流程，将企业承担现代学徒制人才培养的社会责任落到实处。最后，各级人大常委会需要加强对校企合作法律法规执行情况的执法检查，严厉查处违法违规行为。

（2）制度保障

建立健全相关制度，保证企业作为利益相关者参与现代学徒制的基本利益。将包括教育部门、人力资源和社会保障部门、财政部门、税务部门、金融部门等在内的多部门联合起来，成立专门的校企合作管理机构，为现代学徒制中利益相关者各方搭建合作服务平台，形成集管理、咨询、协调于一体的管理体系。设立专项资金制度，拓展资金筹集渠道，通过财政投入、社会捐赠和建立企业培训基金等方式为校企合作筹措经费，并建立以质量为导向的支付机制或奖补机制。对于主动承担现代学徒制社会责任的企业，除了给予经费支持和奖补激励，还应给予精神奖励，如建立现代学徒制国家荣誉制度，授予企业专项荣誉、称号、资质等。

（3）政策服务

地方政府应针对企业特点制定相应的参与政策。因企业规模不同，所处行业不同，企业的实际需求也不同。地方政府需要据此制定相应的税收、奖励及金融政策。在税收政策方面，根据企业参与现代学徒制的程度给予税收减免。企业在为学生提供企业培训、为职业院校教师提供企业实践的过程中会产生相应的成本，政府应对此部分的经费投入给予减税或免税。在奖励政策方面，对于积极参与现代学徒制并取得良好效果和社会影响的企业，通过媒体进行宣传，树立模范典型，并给予精神上或物质上的奖励。在金融政策方面，适时调整信贷政策，将校企合作与企业信用关联起来，信用分值高的企业可获得信贷优惠，以此鼓励企业参与现代学徒制。另外，政府还可通过扶持第三方服务机构、购买教育培训服务、建设公共实训基地等方式支持企业参与合作。

4. 面向职业院校的激励机制

（1）政府引领院校开展现代学徒制

地方教育管理部门通过对现代学徒制试点等进行立项并进行财政拨款支持，引导院校开展现代学徒制。对其中表现突出的试点院校进行奖励和表彰，并在一定范围内积极宣传，提升院校声誉。

（2）建立现代学徒制交流平台

由地方政府、教育部门或行业协会建立定期交流的平台或机制，督促院校专业对接产业行业需求，开展深入的产教融合。

（3）建立现代学徒制督导制度

发挥行业系统、校企合作专家委员会的作用。行业系统和校企合作专家委员会可以对院校开展现代学徒制的状况进行监督与评价，政府通过对两个组织的管理和使用，激励院校现代学徒制的参与度。

（4）建立健全教师激励机制

完善职业院校教师资格聘任制度，对在岗教师，认真落实《职业学校教师企业实践规定》中提出的“职业学校专业课教师（含实习指导教师）要根据专业特点每 5 年必须累计不少于 6 个月到企业或生产服务一线实践”的要求，并将其作为职业院校教师职称评审、年度考核的必要条件，实行“一票否决制”，以此激励更多职业院校教师主动进行企业实践。职业院校应减免去企业进行实践的教师的教学任务，让教师有充足的时间和精力完成企业实践。与此同时，为了减轻因为参与企业实践给教师个人及家庭带来的时间和经济负担，应当落实教师去企业实践的经费、提高教师去企业实践的待遇。另外，还应激发教师去企业实践的外在动力，促进教师的专业发展。院校要在总结教师企业实践经验的基础上，发布教师去企业实践的典型案例，通过宣传工作，增强职业院校教师去企业实践意识，并通过物质激励与精神激励的有机结合，引导更多的教师积极投身于企业实践。

5. 增强校企合作的激励机制

校企双方是现代学徒制的主要承担者，因此，需要在职业院校和企业内部建立一套现代学徒制合作的激励机制，真正把现代学徒制实施的经济效益与利益相关者的个人利益挂钩，充分调动利益相关者的积极性。

（1）建立科学评价型激励分配机制

在校企现代学徒制实施过程中，企业和学校要从资本、能力、努力程度等方面对团体和个人的投入、承担的责任和风险、创造的价值做出科学客观的评价，并以此确定收益分配的权重和比例，使收益分配建立在科学评价的基础上。科学评价型激励分配机制能够有效激活校企参与者的积极性和创造性，是释放现代学徒制收益分配动力的强有力措施。

（2）选择多样化的激励手段

单一化的激励手段无法有效调动校企在内的利益相关者的积极性，因此，要选择物质激励和精神激励相结合的激励手段。在物质激励方面：①将现代学徒制实施效益直接与参与者的工资、绩效及奖金挂钩；②采用相应的晋升激励手段，企业参与者可在职位升职，院校参与者可在技术职务聘任、岗位晋级等方面享受优惠政策。在精神激励方面：①给予院校、企业参与者足够的自主权；②加强与参与者的沟通，充分体现院校、企业对于参与者的重视；③增强参与者的使命感和责任感；④向参与者提供培训和发展的机会；⑤提高参与者的工作满足感和自我价值实现感。

（3）探索现代学徒制收益共享机制

首先，调动校企参与者的积极性；其次，建立突出贡献奖制度，对相关的校企参与者给予高额奖励；最后，建立按生产要素分配的机制，保障参与者全力投入现代学徒制，如建立股份制，通过股份把利益相关者的收益联系起来。

6.2.3 收益分配合作运行机制

1. 合作运行机制构建的必要性分析

现代学徒制中利益相关者收益分配以合作为前提，其合作运行机制是指在现代学徒制实施过程中，影响现代学徒制中利益相关者合作的内外因素的结构、功能及其相互关系，以及影响因素间相互产生影响、发挥功能的运行方式。运行机制是持续健康推进现代学徒制的关键。

合作被视为一种制度建构，旨在强调一种“认知和制度的社会建构”。现代学徒制中利益相关者合作以及收益分配过程中，院校与企业构成了合作制度的主要组织载体。一方面，合作制度表现为院校与企业的一种互动方式；另一方面，合作制度则表现为双方的一种能动性的组织建构。借鉴组织社会学新制度主义及王恒和王美萍（2013）的观点，依据合作进程，将现代学徒制中利益相关者合作运行机制分解为筛选、共享、信任三个子机制。

2. 构建现代学徒制中利益相关者合作筛选机制

筛选机制是现代学徒制中利益相关者合作的初始作用机制，是保障合作顺利实现的基础，包括确定利益相关者合作的目标、筛选合作利益相关者以及衡量确认合作模式。其中，确定合作目标与筛选合作利益相关者的合理性考量更为重要，而合作模式的衡量确认则更侧重于建立利益相关者对合法性的认同。

3. 构建现代学徒制中利益相关者合作共享机制

共享机制是现代学徒制中利益相关者合作的核心作用机制，是对合作合理性认同与生成的实践延伸，包括知识、信息和人员三个层面的共享，旨在促使院校与企业间建立一种共享型的知识互动体系。

4. 构建现代学徒制中利益相关者合作信任机制

信任机制是现代学徒制中利益相关者合作的持续作用机制，侧重于对合作合法性认同的强化、固化和内化过程，实质上也是职业院校和企业间关系契约有效达成的过程。有学者认为存在两种类型的信任关系，即认知型信任和情感型信任，其中认知型信任的产生是基于对合作对方能力、可靠性以及公平性的估计和评价，而情感型信任的产生建立在情感的依附以及考虑对方利益的基础上。可见，前者强调合作的合理性诉求，而后者旨在推进合作合法性（基于认知和情感建立起来的合作规范、价值观等）在合作组织间以及组织内部的认同。在现代学徒制中利益相关者合作过程中，须把握和处理好这两种信任类型的转化关系，认知型信任应是基础和手段，而情感型信任则是目的和归宿。

6.2.4 收益分配反馈与提高机制

1. 收益分配反馈与提高机制构建的必要性分析

现代学徒制中利益相关者收益分配反馈与提高机制的建立在于清晰掌握现代学徒制实施的进程和阶段性成果，建立这一机制，有助于现代学徒制实施效率的提高，是实现现代学徒制中利益相关者收益分配机制的保障要素。

在现代学徒制中利益相关者收益分配反馈与提高机制中（见图6-4），实现“现代学徒制中利益相关者合作”是起点和目标；“支持子系统”提供现代学徒制中利益相关者合作的人财物及信息支持；“合作子系统”包含现代学徒制中利益相关者合作的实质性行为；“风险管理子系统”“激励约束子系统”和“沟通协调子系统”是“合作子系统”顺利开展的重要保障。通过风险识别和控制，有效管理现代学徒制中利益相关者合作的风险；通过激励和约束，有效规范现代学徒制中利益相关者合作的行为；通过沟通和协调，切实保障现代学徒制中利益相关者合作的过程。最后通过“现代学徒制中利益相关者合作效益评价”得到“效果评价信息”。“支持子系统”和“合作子系统”间存在内部反馈，并通过内部反馈和反馈环节实现信息输出输入，得到“效果评价信息”，最终实现“现代学徒制中利益相关者合作”。另外，“外部环境系统”用来保障现代学徒制中利益相关者合作从融入到融通再到融合有序进行。

2. 强化反馈控制意识

在构建收益分配反馈与提高机制过程中，职业院校和企业需要通过正确充分认识反馈控制的理论方法来培养和强化反馈控制意识。因为良好的意识是收集、筛选和处理信息的关键，也是保障反馈控制机制顺利运行的关键。在培养和强化反馈控制意识的基础上，主动将其应用在实际工作中，进而及时发现合作中存在的问题，并针对问题制订合适方案予以解决。在合作过程中，职业院校和企业除了有针对性地培养反馈意识，还要提高对信息的敏感度。

3. 严格实施控制机制

在现代学徒制实施的过程中，实施控制机制的实质是职业院校和企业通过检查监督，控制合作系统的运行情况，及时判断运行成效是否与之前制订

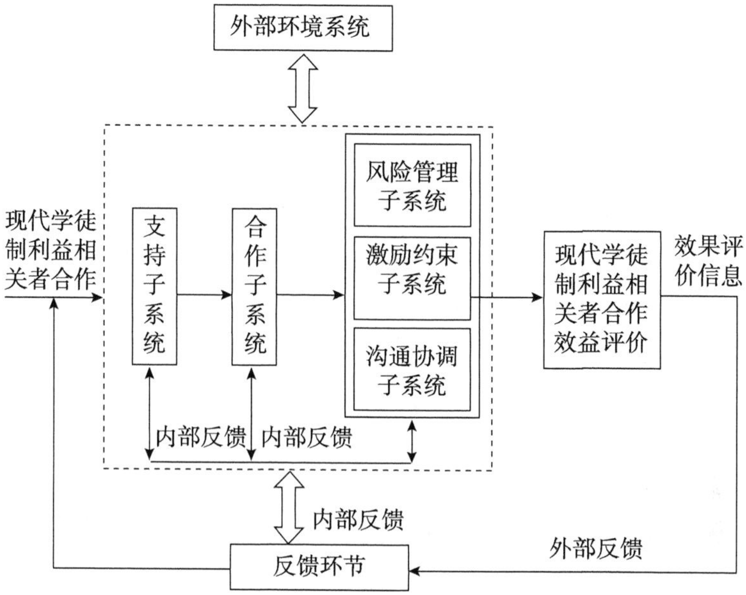

图 6－4　收益分配反馈与提高机制框架

的目标计划相符。如果发现产生偏差，应及时采取措施予以纠正，从而保证目标计划能够正常实施。

控制机制的起点是确定控制标准，也称确定控制目标。控制标准是职业院校和企业将合作协议转化为合作目标的具体体现。在现代学徒制实施的过程中，明确控制标准是确定合作范围和合作程度的前提，进而由合作双方明确资源投入的力度。衡量成效，也称评价成效，是控制机制的另外一个环节。这一环节将对合作成效做出客观评价，其方法是将现代学徒制人才培养的实际合作成果与标准进行比较，这一过程将为实现长效合作提供充分依据。

纠正偏差、实现合作系统的正常运转是控制机制的最终目的。对产生偏差的原因进行深入的分析是纠正偏差的前提。首先要区分问题阐释的原因，有些属于利益相关者主观原因，有些属于客观原因。在查明偏差原因的基础上，制定相应措施，实施有效控制。

完整的现代学徒制中利益相关者合作反馈控制过程，就是通过对现代学徒制中利益相关者合作的调节和控制，不断调整合作目标与实际状况的偏差。正是通过这样一个循环控制过程，才会使偏差不断减少，使合作能够长期有效持续下去。

4. 建立完善的现代学徒制中利益相关者合作信息系统

建立完善的现代学徒制中利益相关者合作信息系统，可以促进反馈提高机制升级。完善的现代学徒制中利益相关者合作信息系统主要包括以下两个方面：

（1）现代学徒制中利益相关者合作管理信息系统

现代学徒制中利益相关者合作管理信息系统是通过基于互联网的信息技术收集利益相关者合作信息，并根据系统的合作结果输出对利益相关者合作进行监控、预测和评价。该系统的作用是为现代学徒制中利益相关者合作的实施提供基本信息，并为现代学徒制中利益相关者合作过程中的决策提供支持。

现代学徒制中利益相关者合作管理信息系统还应将决策支持功能运用到现代学徒制中利益相关者合作中。实现过程是运用数据管理软件，将合作数据进行加工，查找利益相关者数据间的关系，应用系统对数据进行计算以及决策模拟。

（2）现代学徒制中利益相关者合作信息统计系统

现代学徒制中利益相关者合作要求对合作数据进行收集和处理，构建符合利益相关者特征的数据结构，为合作评价奠定基础，因此需要构建现代学徒制中利益相关者合作信息统计系统。该系统要存储的利益相关者数据应包括合作成果鉴定信息数据、利益相关者问卷调查数据、合作资源利用情况等。现代学徒制中利益相关者合作涉及人才培养和技术研发等内容，因此，需要根据不同的评价目的建立相应的指标体系。

6.3 现代学徒制中利益相关者收益分配实现路径

本书以市场需求和社会推动为引导，基于“三层面四位一体”的现代学徒制中利益相关者收益分配实现模式，如图 6 – 5 所示，构建宏观层面政府（地级市）统筹调控、中观层面行业系统指导协调、微观层面以职业院校和企业为双主体推进的现代学徒制中利益相关者收益分配实现路径。其中，微观层面的职业院校和企业是核心利益相关者，职业院校提供人才、信息和师资等，企业提供资金、技术和师傅等，通过推进招生招工一体化、深化工学结合人才培养模式改革、加强专兼结合师资队伍建设、形成与现代学徒制相适应的教学管理与运行机制，实现资源优化配置和资源互补共赢。

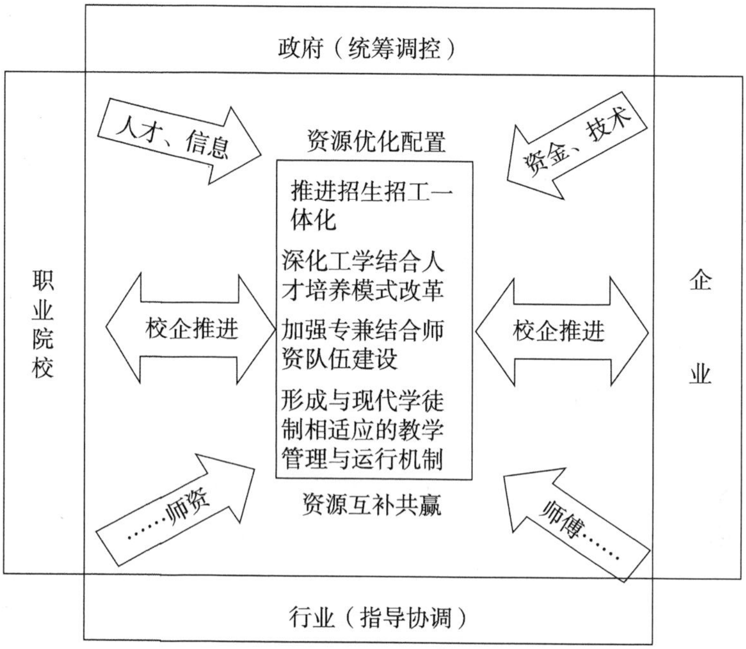

图 6－5 收益分配实现模式

6.3.1 市场和社会引导

1. 市场引导

市场可以准确反映现代学徒制人才培养的需求和人才供应情况。现代学徒制人才培养状况和变化会通过市场在就业需求变化中体现，从而推动现代学徒制教育资源的合理配置；社会、企业对现代学徒制人才培养需求、期望和评估会通过各种市场信息予以反馈；家庭、个人通过市场了解实施现代学徒制人才培养院校的相关情况。因此，在现代学徒制实施过程中，市场发挥着重要作用，市场引导的内容包括：

①为现代学徒制提供充足的生源。

②购买或消费现代学徒制教育产品、服务。

③为毕业生提供就业机会。

④按照市场规律高效率配置资源。

⑤运用市场机制为实施现代学徒制人才培养院校解决资金问题。

⑥有效传递各种促进发展、规避风险的信息。

2. 社会引导

社会引导指除去政府、行业系统、职业院校、企业以外的现代学徒制利益相关组织和个人，包括经济组织、民间组织、各类研究机构、媒体机构、中介组织、其他类型院校、社区、个人投资者等在现代学徒制实施过程中的引导，社会引导的内容包括：

①组织多元投入体系，为现代学徒制人才培养进行融资。

②给予职业院校资源、信息支持。

③为职业院校提供“生源”及部分“出口”渠道。

④对现代学徒制发展状况、政策执行等进行评价。

⑤通过各类研究机构，为现代学徒制实施提供政策研究、信息咨询等支持。

⑥通过舆论宣传，为现代学徒制发展营造良好氛围，造就全社会积极参与现代学徒制的环境。

⑦弘扬各行各业职业文化，形成有利于现代学徒制发展进步的社会环境。

6.3.2 政府（地级市）统筹

政府是现代学徒制实施的环境建设主体，应该落实顶层设计，为现代学徒制实施提供政策支持和法律法规保障，规范现代学徒制中利益相关者参与现代学徒制人才培养的行为，推动并促成现代学徒制中利益相关者合作。合作中政府的作用主要体现在舆论引导、立法干预、政策支持、经费投入、统筹规划、宏观管理、综合协调、信息服务、监督评估等职能上。政府统筹的内容包括：

①制定政策，优化环境。从国家层面建立和完善促进现代学徒制中利益相关者合作的法规和政策，建立企业参与制度，营造现代学徒制中利益相关者合作发展的良好外部环境，促进现代学徒制中利益相关者合作制度化，深化产教融合。地方政府和有关部门要做好地方现代学徒制规划编制和组织实施，改善制度环境等。

②统筹资源，搭建平台。强化政府统筹和部门协调配合，打破部门和行业界限，统筹整合各类资源，在地方经济转型中尤其要发挥地方政府在现代学徒制中的推动、引导和支持作用。围绕行业或区域产业规划实施，帮助搭建行业企业与院校的沟通平台，建立政府主导、教育部门牵头、行业企业及

社会有关部门共同参与的现代学徒制中利益相关者对话协作机制、校企合作平台和科技创新平台。

③强化行业指导，激励企业参与。政府要做好国家资格框架设计，强化行业部门指导，完善行业系统，明确行业职能，赋予行业职权，委托行业协会联合相关部门制定和推进现代学徒制及行业相关政策，发挥行业在现代学徒制政策及规划中的作用。鼓励行业、企业或社会力量参与现代学徒制，充分发挥市场机制作用，激发现代学徒制发展活力。

④完善运行机制和激励机制。完善促进现代学徒制中利益相关者合作的保障、服务、激励和考评机制。地方政府可设立现代学徒制中利益相关者合作的专门管理机构，统筹管理、统筹资源配置，建立稳定的经费投入机制。

⑤健全质量评估机制和反馈机制。围绕现代学徒制人才培养目标，形成以学生、企业、院校、社会满意度和区域经济贡献度为主要标准的现代学徒制中利益相关者绩效评价体系和评估机制，注重引入第三方机构参与绩效评估，并将评估绩效与政府对院校拨款投入和校企合作专项奖励挂钩，与政府对企业的优惠激励政策和项目优先支持等挂钩。

⑥建立多层治理体系。现代学徒制牵涉多部门、多行业，现代学徒制的深入发展需要国家层面做好顶层设计，地方层面做好产业行业对接和引领工作。

6.3.3　行业系统指导

根据国内外研究，行业系统主要由本行业内的企业单位自愿加入成为会员并缴纳一定的会费，是非政府的、非营利的，具有组织性与互益性，以谋求行业内企业共同利益为目的的社会组织。行业系统作为政府、企业和职业院校之间的社会中介团体，是职业院校、企业、政府的纽带。行业系统指导的内容包括：

①指导和协调行业参与现代学徒制人才培养。

②开展本行业人才需求预测。

③参与制定有关本行业的人才标准、课程标准。

④参与现代学徒制中利益相关者有关内容评价。

⑤协调现代学徒制中利益相关者合作出现的问题。

6.3.4 职业院校和企业双主体推进

1. 职业院校主体推进

职业院校指各类中等、高等职业教育院校及办学机构。院校要主动围绕区域经济和产业转型升级，以市场需求为引领，以现代学徒制中利益相关者合作为导向，以培养适应现代产业发展要求的高素质劳动者和技术技能人才为目标，推进现代学徒制发展。职业院校推进的内容包括：

①责任意识。院校要有责任感和紧迫感，把现代学徒制中利益相关者合作作为学校发展战略，发挥积极主动作用，有效整合政府、行业、企业教育资源，为促进经济提质增效升级提供人才支撑。

②找准定位。院校的主体作用体现在其对现代学徒制的办学、教学和人才培养的定位上。要主动适应社会、经济和产业发展需要，以就业为导向确定办学目标，找准学校在区域经济和行业发展中的位置，加强与行业、企业的横向合作，培养行业、产业急需的人才。

③主动出击。要通过主动出击，与行业企业开展深入的现代学徒制中利益相关者合作。定期调研，随时了解行业、企业的用人需求和用人标准，依据产业结构调整专业结构，结合企业技术（或管理、服务）人才培养模式创新教师培养模式，基于工作流程推进产学模式下的教学改革，共同打造特色专业和课程。

④提高质量。强化能力培养，提高学生的学习能力、实践能力、创新能力。建立全程监控、动态反馈、持续改进的适应现代学徒制中利益相关者合作的教育质量管理体系，形成以素质和能力评价学生、以教学效果和服务水平评价教师、以就业质量和社会反馈评价专业的现代学徒制中利益相关者合作质量评价机制。定期向社会发布学校“人才培养质量年度报告”，向社会展示办学成果，同时接受社会监督。

⑤资源共享。找到院校自身在现代学徒制人才培养中的优势资源，与行业企业共享资源，形成互补互利的合作机制，“引企入校”，例如，共建校内生产性实训基地、合作开展技能培训等。

2. 企业主体推进

企业是现代学徒制实施的重要推动力量和实施主体之一，包括大中型国有企业和大型民营企业等。参考欧美国家的教育管理体制，从宏观层面的现代学徒制发展战略、政策制度的制定，到中观层面的行业标准、需求的确定，再到微观的人才培养方案的确定、教材的开发、质量的监控与监督，都有企业代表的参与，无论是代表的数量还是所发挥的作用，都占据了很重的分量。企业推进的内容包括：

①履行社会责任。企业领导要肩负为经济发展培养人才的重任，切实履行支持教育的社会责任，发挥自身优势，推动校企合作，服务现代学徒制。

②参与人才培养。作为人才培养价值链的终端，企业不仅可以发挥其在市场信息、生产科研设备、实训场地等方面的优势，还可以利用企业名师资源、技术技能大师资源参与现代学徒制人才的培养。

③参与标准制定。按照行业、企业实际需求，参与制定专业人才培养标准，参与培养方案制订和课程建设，提高人力资源利用效率。

④建立支持机制。企业可充分利用法律法规和激励政策，建立企业内部支持和参与现代学徒制的机制。支持企业与院校共办专业、共同研发、共建基地、人员互派、合作育人、互利共享，甚至行业、企业自主办学，不断提升企业的技术含量、教育贡献价值和社会美誉度。

6.4 基于现代学徒制中利益相关者收益分配实现路径的措施

6.4.1 加大经费投入和资金支持

中央政府制定积极的金融、财税政策，鼓励企业积极投入；各级政府必须依照有关法律法规要求，确保足额支付财政性经费，保证持续并有所增长。校企双方应该加大师资培训、课程开发、信息化建设有关投入；增加专项补助经费，为来自经济困难家庭或未来从事特殊行业的学生减免学费，提供助学金和奖学金。具体措施可包括：

（1）落实企业和职业院校开展现代学徒制试点的主体责任

对非全日制学制教育注册的企业学徒，在学习培训期间，按照劳动合同约定，由企业根据学徒实际工作贡献支付不低于当地最低工资标准的学徒基本工资；企业按照合作协议约定，向培训机构（含职业院校）支付学徒培训经费，从企业职工教育经费中列支；企业对学徒开展在岗培训、业务研修等企业内部发生费用，符合有关政策规定的，可从企业职工教育经费中列支，企业因接受实习生所实际发生的与取得收入有关的合理支出，按现行税收法律规定在计算应纳所得税额时扣除。

对全日制学制教育注册的职业院校学徒实习生，试点院校要将学徒责任保险、人身意外伤害保险等保费列入学校经费预算。学徒在企业实习培训期间，由企业根据学徒实际工作贡献支付不低于当地最低工资标准50%的学徒实习生活补贴。试点职业院校根据企业实际，接纳上岗实习且实习时间累计1个月以上的学徒人数，设置每月人均标准，用于学徒在企业内发生（包括学徒实习生活补贴、物耗、能耗以及指导教师、管理人员的津贴等）的培训费用补助，超出部分由企业在职工教育经费中列支。

（2）试点工作实行多元投入体制

设置现代学徒制专项经费，企业按照职工工资总额的一定比例足额提取教育培训经费用于企业学徒培养，职业院校从办学收益中提取相应比例用于试点工作。公开购买实习岗位，按照学徒岗位数量、性质对承担学徒培养并经考核合格的实习单位进行补助，接受学徒的实习单位可获得一定数额的补贴，用于实习单位带学徒的师傅的奖励，形成现代学徒制试点投入的长效经费保障机制。积极争取相关部门就业创业专项资金支持，接受现代学徒制企业，优先考虑这些联办企业在促进就业创业中的作用，改善企业生产条件，提高企业参与现代学徒制的积极性。建立企业兼职教师奖励机制，提高兼职教师待遇。职业技能鉴定中心可在有条件的学校和企业设立职业技能鉴定站，以方便学生进行技能鉴定。学徒不领工资，只拿生活津贴，由实习单位支付。同时，学校实行实习班主任津贴制度，调动实习班主任的工作积极性。对学校实施现代学徒制试点的专业在招生计划、生均经费投入、实训设备设施投入、师资配备等方面予以宽松政策，保障试点专业的人才培养收到实效。

6.4.2 关注利益相关者的利益诉求

利益相关者在现代学徒制中应当以多方参与者合作共赢为理念和目标，通过目标指导现代学徒制的实现过程，旨在寻求利益相关者的利益平衡。政府在行使管理权的同时，要给予职业学院实施现代学徒制的自主权，采用行业、企业、职业院校各种利益相关者共同参与的模式，以确保所有利益相关者都能有效地维护自己的利益，自己的利益诉求得到满足，这是所有利益相关者共同参与现代学徒制的基础。在这个过程中，应当通过法律、舆论等多种方式进行协调和监督，达到利益相对平衡的状态下各方利益诉求最大化，并真正实现现代学徒制中利益相关者整体利益最大化。

现代学徒制中利益相关者利益诉求最大化的前提是各方能够充分表达利

益诉求，因此需要建立有效的利益诉求表达机制，拓宽利益诉求表达渠道，使所有利益相关者，尤其是处于劣势地位的利益相关者，能够通过利益诉求表达机制表达自己的意愿，使其能在现代学徒制实施过程中拥有发言权，从而推动各方积极参与现代学徒制合作，促进多元参与机制的建立与合作博弈的形成，推动现代学徒制合作的实施与深化。

6.4.3 实施利益相关者合作博弈机制

现代学徒制中的利益相关者具有不同的利益诉求，利益博弈非均衡，导致部分利益相关者合作积极性不高。解决这一问题的关键是建立所有利益相关者利益共同体，明确政府（地级市）、行业系统、企业、职业院校各方利益相关者主体的责任、义务、权利，职业院校与企业共同成为现代学徒制实施的双主体，以形成一个由多个主体共同参与的合作博弈机制。

（1）明确利益相关者中企业的责任、义务和权利

制定相关法律法规，明确规定校企合作中政府、企业、行业与职业院校各方负有的具体职责。以企业为例，目前，企业参与现代学徒制积极性不高，原因是企业在对技术技能人才有需求的同时，希望能够尽可能减少成本投入，获得利益最大化，规避“搭便车”的现象。因此，以法律形式确定各方的责任、义务、权利，是为利益相关者各方提供一种权益的保障机制。职业院校与企业是现代学徒制实施的双主体，让企业与职业院校一样，成为办学的主体，可以有效地提升企业参与现代学徒制的积极性与主动性，也可以让企业作为营利组织在进行经济活动的同时，能够承担社会公益责任。

（2）明确利益相关者中职业院校的责任、义务和权利

在明确利益相关者中企业的责任、义务和权利的同时，必须明确职业院校的责任、义务和权利。职业院校应在办学主体地位的基础上进行现代学徒制各环节的合作安排，包括采取有效措施促进企业参与现代学徒制人才培养全过程，负责联系合作企业共同做好现代学徒制招生招工、共同制订专业人才培养方案，负责学生校内学习日常管理及学籍管理，负责校内实训基地以及教学资源库建设，负责现代学徒制试点工作经验的总结与推广等。

（3）发挥利益相关者中行业系统的作用

由于利益相关者中不同企业的利益诉求存在差异，需要行业系统发挥协调组织作用，解决企业不同的利益诉求。对于行业系统的作用，可以借鉴国外现代学徒制的成功经验。比如，德国“双元制”中的行业协会在德国现代

学徒制中发挥重要作用。行业协会发挥作用的前提是德国任何企业及其他因经营而纳税的经济主体都必须参加本区的行会。行业系统对参与企业进行资格审查与筛选，对实施过程进行监督，对结果进行考核与评价，对利益主体间的利益进行协调等。在行使监督权时，还可以对未使学生掌握必备技能与必备知识的企业进行严厉的处罚。虽然行业系统组织协调力量以及对企业的强制性约束力有限，还存在经费不足、人员不够等问题，但作为企业利益的代表，在与政府沟通方面依旧可以发挥桥梁和纽带的作用，主要可以体现在以下四点：①从专业技能的角度成立教学指导委员会，对职业学校的课程设置提供指导、评估；②参与教师职称评定，参与职业资格证书的鉴定；③进行相应的培训活动；④代表行业发表意见，参与各企业的统一协调，根据企业规模等条件，对不同企业采取不同的统筹协调措施。在鼓励企业积极参与现代学徒制的同时，将一部分行业系统经费用于对中小企业参与现代学徒制的奖励与成本补偿。另外，行业系统还可以行使监管职责，对参与现代学徒制不积极的企业进行指导、监督、评价。

6.4.4 完善人才培养成本分担机制

现代学徒制人才培养是各利益相关者博弈的过程。通过现代学徒制培养出的技术技能人才能够给政府、行业、企业及职业院校带来经济利益及社会荣誉。借鉴利益相关者理论，根据现代学徒制中利益相关者成本收益现状，要想实现各方成本收益平衡，在考虑各利益相关者收益的同时，完善利益相关者成本分担机制至关重要。因此，为推动现代学徒制有效开展，应当完善多元化、多渠道、利益共享现代学徒制中利益相关者的成本分担机制。

1. 完善政府主导的成本分担机制

目前，政府是我国开展现代学徒制试点的主要资金来源，其经费用于行业、企业和职业院校实施现代学徒制实施的各项经费投入。为推动现代学徒制发展和政府经费投入，各地也配套出台了相应的政策，支持试点工作的发展。从各类试点单位经费投入现状看，政府层面从中央到地方对现代学徒制通过财政划拨投入了大量经费，但有待建立健全的财政投入体系，将政府层面财政投入比例及资金类型制度化，使政府能够更加有效地履行和承担现代学徒制开展的统筹协调职责。具体可从以下几个方面完善政府主导的成本分担机制：

（1）学习借鉴国外政府层面政府成本分担经验

澳大利亚政府通过现代学徒制专家小组发布研究报告，旨在提升学徒地位，主要内容包括：①对学徒的津贴补助等方面进行改革；②为了提高现代学徒制学徒培养数量，设立专项资金来指导、支援学徒；③州及领地政府为支持现代学徒制的开展提供资金支持，提供津贴和奖金作为联邦政府资金的补充。

英国政府对本国现代学徒制的经费机制进行了改革，分别采用直接支付模式、税收减免模式和雇主先行支付模式对现代学徒制进行经费投入。直接支付模式的特点是雇主在专用网站注册之后，通过网站发布招募的学徒数量、培训项目及培训时间等信息，申请政府的拨款，经由政府审查通过后，将政府拨款直接转入雇主的账户；税收减免模式的特点是雇主在专用网站进行现代学徒制信息注册之后，由英国政府部门税务海关总署在税收系统中从公司的税前盈利利润中将各雇主提供现代学徒制培训的成本减去，再根据相关法律法规规定应缴纳的税款金额；雇主先行支付模式的特点是雇主为学徒提供培训并支付相应的培训费用，之后由政府雇主和机构进行拨款。

日本政府在现代学徒制经费投入方面，主要采用直接援助和间接援助两种方式为企业进行经费投入。直接援助的特点是为企业提供一些企业无法完成的技术培训；间接援助的特点是采取财政补贴的方式，对企业职工、社会培训机构、职业研发机构等进行援助，从而推动企业现代学徒制发展。日本政府通常采用间接援助模式进行经费投入，目的是调动企业积极性，实现企业现代学徒制自我完善与发展。另外，日本政府为了支持、鼓励、引导企业内部进行职业培训，特别设置了“职业形成促进补助金”津贴，包括政府对企业提供的培训补贴、对企业员工的职业能力评估进行的补贴、对地区人才高级化的开发能力进行的补助、对职业咨询机构的职业咨询补贴。

（2）立法规范各级政府财政拨款经费投入机制

以政府为主导的成本分担机制需建立起国家、省、市三级财政投入机制，以立法形式规定各级政府经费投入的职责，包括：①以法律形式确定国家、省、市拨款模式，可以采用直接支付、税收减免和利益相关者先行支付等模式。②以法律形式确定国家、省、市拨款成本分担比例。在试点阶段以项目的形式进行资助，同时应规定地方政府配套的经费比例。在试点完成之后，以法律形式规定各级政府的经费投入比例，形成政府对现代学徒制成本分担及经费投入的长效机制。

(3) 拓展多渠道的政府经费投入机制

政府除了直接的财政拨款之外，还应采用间接资助的方式进行补充，包括：①对于职业院校，在教学基础设施建设、教育教学科研、教学设备等方面给予经费投入倾斜；对于企业，在实验实训基地、设施设备等方面予以经费支持，实施低利息、减免税收等补偿性质的间接经费投入。②给予职业院校财政运行自主权。随着职业教育体制的不断改革以及简政放权政策的实施，职业院校获得更多办学自主权，在规范职业院校财政规章制度的基础上，给予其更多的财政运行自主权，将有利于拓展现代学徒制经费投入渠道。

(4) 将学费作为政府经费投入必要补充

学费是职业院校现代学徒制人才培养经费的重要来源。合理的学费收入能够推动现代学徒制发展，提高现代学徒制的教育质量，缓解政府财政经费投入压力。作为支付学费的学生，通过接受现代学徒制人才培养能够提升个人技术技能，积累社会人脉，获得未来良好职业前景等。因此，学生及其家庭作为现代学徒制人才培养成本分担者，是政府经费投入的必要补充。

2. 完善企业成本补偿机制

企业作为现代学徒制中利益相关者的核心主体，应该承担现代学徒制人才培养过程中的成本。企业参与动力不足、积极性不高造成校企联合培养的现代学徒制难以深入和持续。其原因在于企业对现代学徒制所产生的成本收益不满意。因此，完善企业成本补偿机制是推动企业积极参与现代学徒制人才培养的有效途径。

(1) 厘清企业参与现代学徒制短期成本要素

根据上述分析，企业参与现代学徒制短期成本主要包括企业与院校谈判的成本、企业参与招生招工的成本、企业提供硬件设施及改善维护的成本、企业参与教学资源建设的成本、企业为学生作为学徒投入的成本、企业为员工作为师傅投入的成本。围绕企业参与现代学徒制短期成本，建立和完善企业成本分担机制，明确企业在成本分担过程中的权、责、利，以保障其获得利益，并监督其履行义务，让企业充分发挥在现代学徒制人才培养中的主体作用。

(2) 落实企业参与现代学徒培训税收减免政策

通过厘清企业参加现代学徒制短期成本要素发现，企业要为参与现代学徒制人才培养付出额外教育成本。以支付给学生作为学徒的报酬为例，虽然已有相关管理办法规定了企业支付给学生的报酬税前扣除办法，然而在实际实施过程中，企业并没有享受到该优惠政策。因此，为激励企业积极参与现代学徒制，应统筹教育、财政等部门，以法律条文的形式落实企业参与现代学徒制的税收减免政策，提高优惠政策的执行力度。企业参与整个现代学徒制人才培养过程，因此，税收减免政策应当涵盖人才培养的各个环节。具体来说，应当针对企业与院校谈判、企业参与招生招工的投入、企业提供硬件设施及改善维护的投入、企业参与教学资源建设的投入、企业为学生作为学徒的投入、企业为员工作为师傅的投入实施税收减免。

（3）实行企业参与现代学徒培养补贴和奖励制度

实行补贴和奖励制度是激励企业积极参与现代学徒制的另一个重要途径。国外对现代学徒制实施补贴和奖励是通用做法，并且有比较成功的经验。英国在现代学徒制资助方式改革中采用了核心资助模式。其特点是：①根据学徒培训标准，政府按照两倍于企业支付成本的方式确定对企业的资助等级，进而提供核心资助；②为员工规模 50 人以下并成功完成了学徒培训的雇主，以及招收 16 ~ 18 岁学徒的雇主分别设立了奖励性资助。澳大利亚对提供资格证书的培训课程的企业雇主，按照资格证书的等级进行不同级别的奖励。二级资格证书的培训课程可获得 1250 澳元的奖励，三级资格证书的培训课程可以获得 1500 澳元的奖励。目前，我国还没有法律制度明确给予企业补贴或奖励的方式和额度。参考国外经验，我国在现代学徒制实施过程中，应当制定与实行企业补贴制度，作为补偿企业成本的一种方式。而补贴的方式和额度要考虑到各级政府对现代学徒制的重视程度及财政实力，也要考虑到不同区域、不同行业、不同专业的培养成本不同。

（4）建立企业培养成本收益平衡制度

企业是现代学徒制人才培养的核心参与者，对现代学徒制顺利发展具有决定性作用。现代学徒制中利益相关者收益分配的核心问题就是做好企业培养成本收益平衡。只有使企业获得更大的收益，才能提高企业参与现代学徒制人才培养的积极性。因此，建立企业培养成本收益平衡制度，使企业成本收益达到相对平衡，是现代学徒制顺利进行的必要条件。影响企业获得现代学徒制收益的因素众多，如谈判成本、招生招工的成本、硬件设施及改善维护成本、参与教学资源建设的成本、为学徒投入的成本、为师傅投入的成本等。为了增加企业参与学徒制的收益，应建立企业培养成本收益平衡制度，包括：①对上述现代学徒制人才培养成本予以规范。②对现代学徒制企业培养的学习期限予以规定。企业培养时长在对人才培养质量产生影响的同时，会对企业培养成本产生影响。培养期短，达不到企业的用人要求，进而影响企业收益；培养期长，不仅增加企业成本，也影响学徒职业发展。因此，需要对现代学徒制企业培养的学习期限做出规定，并根据实际情况进行相应调整，以此既满足企业用人需求，又使企业成本收益达到相对平衡。③规范学徒留任机制。如果学徒能在毕业后留任企业，将为企业带来长期收益。因此，可以在与学徒签订协议时对学徒留任企业做出约定，明确学徒违约须承担的经济成本以及信用成本，以此规避企业风险，保障企业收益。

3. 制定成本分担监督机制

为保障现代学徒制各级各渠道经费能够合理有效地投入现代学徒制实施中，提高现代学徒制经费的使用效率，需要将经费使用在现代学徒制人才培养的关键环节和重点领域。与此同时，控制现代学徒制中利益相关者投入成本，是现代学徒制长效发展的必要保障。因此，应当成立负责监督成本分担的督导机构，制定成本分担监督机制，对现代学徒制进行过程中的每一个环节的成本及利益相关者成本分担过程进行严格的监督。比如，可以成立校企联合督导机构，由校企职能部门共同牵头，学校教学单位和企业生产车间负责人、骨干教师、企业技术专家共同组成，负责对学校教育教学和企业训练过程产生的成本和经费使用进行监督和指导，明确各项经费开支，确保现代学徒制经费的合理使用，成本分担能够顺利开展。

6.4.5 规范现代学徒制其他相关配套制度

在前述加大经费投入和资金支持、关注利益相关者的利益诉求、实施利益相关者合作博弈机制、完善人才培养成本分担机制等措施制定的基础上，还应建立其他相关配套制度，包括建立企业和职业院校经费投入运行制度、双导师补助发放及配套制度、试点奖补制度，规范利益相关者的权、责、利，完善校企合作学徒培养机制等，以此配合前述措施保障现代学徒制的发展。

1. 企业和职业院校经费投入运行制度

将现代学徒制试点列入了区、县（市）教育事业发展考核，引导各地研究制定和完善实施现代学徒制的相关配套政策。制定企业和职业院校经费投入运行方案，以明确“非全日制学历教育注册的企业学徒”和“全日制学历教育注册的职业院校学徒实习生”两种形式的学徒工资补贴标准以及经费来源渠道。对全日制学历教育注册的职业院校学徒实习生，试点院校根据企业实际接纳上岗实习且实习时间累计1个月以上的学徒人数，设置人均每月标准，用于学徒在企业内发生的培训费用补助，超出部分由企业在职工教育经费中列支。

2. 双导师补助发放及配套制度

制订符合职业院校和企业自身特点的双导师补助发放方案，以明确承担带徒任务的企业师傅享受师傅带徒津贴，津贴标准由企业确定并按规定发放，并列入企业生产成本。另外，制定相关配套制度，包括建立职业院校和企业人才制度，探索建立“专业教师进厂、技术专家进校”的人力资源互动机制；建立企业师傅到校授课教学的制度和指导学生实习实训的制度；实施职业院校教师与企业师傅双向挂职锻炼，职业院校教师即企业受聘兼职员工、企业员工即学校受聘兼职教师的制度；建立双向挂职锻炼、横向联合技术开发、专业建设激励机制和考核奖惩制度。

3. 建立试点奖补制度

对每个建设试点进行相关的奖补经费补助。除了市本级财政拨付的经费补助外，各区、县（市）财政也应加大对现代学徒制试点的经费投入，对试点专业按照标准给予专项补助。另外，对基于现代学徒制试点的教学实训车间、技能名师工作室、校企合作共同体等建设项目予以相应的经费补助。

4. 规范利益相关者的权、责、利

学校在完成招生工作后，企业应基于自身需求以及学生的意愿，与学校签订协议，遴选参加现代学徒制人才培养计划的学生。而学生应当分别与企业和学校签订协议书，一份是与企业签订的包含企业培训时间、培养教学内容、薪资补贴等在内的学徒权利、责任、义务方面的学徒协议书；另一份是与学校签订的包含在校学习时间、教学内容、奖学金、毕业条件等在内的学生权利、责任、义务方面的培养协议书，以此明确双方在现代学徒制人才培养过程中的权、责、利。通过签订协议，一方面确立了学生的双重身份：既是企业的学徒，又是学校的学生；另一方面清晰界定了在现代学徒制人才培养过程中职业院校、企业和学生的权、责、利。对学生而言，其在企业的培养过程和在职业院校的学习过程中有了切实的权益保障。对职业院校与企业合作而言，可以签订联合培养协议，明确校企双方在培养学生过程中的权利与义务。这样可以规范校企联合招工招生及培养的具体操作流程与方式，并使这项工作制度化。

5. 完善校企合作学徒培养机制

在考虑利益相关者的权、责、利基础上，首先，应当构建职业院校和企业合作进行现代学徒制人才培养的基本框架，采取多种方式，如招生即招工、先招生后招工等方式完成现代学徒制人才培养。其次，按照“学生—学徒—准员工—员工”四位一体的现代学徒制人才培养思路，实行职业院校和企业工学交替的育人机制，学生在职业院校和企业交替完成学校课程、岗位知识和工作实践技能的学习任务。在培养过程中，实现职业院校与企业的对接、校内基地与企业车间的对接、专业与产业的对接、教师与师傅的对接、学生与员工的对接、培养培训与终身教育的对接。最后，通过校企合作方式调动学校优质资源投入人才培养，在企业保证招生规模的基础上，学校对实训设备投入、师资配备予以政策倾斜。在学徒培养期间，按照现代学徒制管理办法，学徒依照劳动合同约定，领取学徒工作津贴，享受保险待遇。

参考文献

［1］中华人民共和国教育部．教育部关于开展现代学徒制试点工作的意见［EB/OL］．［2014 - 08 - 27］http：//www. moe. gov. cn/srcsite/A07/s7055/201408/t20140827_ 174583. html.

［2］中华人民共和国教育部．关于开展现代学徒制试点工作的通知［EB/OL］．［2015 - 01 - 05］http：//www. moe. gov. cn/s78/A07/A07_ gggs/A07_ sjhj/201501/t20150113_ 182996. html.

［3］中华人民共和国教育部．教育部办公厅关于全面推进现代学徒制工作的通知［EB/OL］．［2019 - 05 - 15］http：//www. moe. gov. cn/srcsite/A07/s7055/201906/t20190603_ 384281. html.

［4］NORTON GRUBB W，PAUL RYAN. The Roles of Evaluation for Vocational Education and Training［J］．Economics of Education Review，2002，21（2）：189 - 189.

［5］HILARY STEEDMAN. Apprenticeship in Europe：“Fading” or Flourishing?［R］. London：Centre for Economic Performance，2005（12）.

［6］SHARPE A，GIBSON J. The Apprenticeship System in Canada：Trends and Issus［R］. Ottawa：CSLS，2005.

［7］WELLINGTON J. Educational Research：Contemporary Lssues and Practical Approaches［M］. Bloomsbury：Bloomsbury Academic，2015.

［8］关晶，石伟平．西方现代学徒制的特征及启示［J］．职业技术教育，2011，32（31）：77 - 83.

［9］彭兰丽，张丽云．德国“双元制”对我国现代学徒制制度建设的启示［J］．现代职业教育，2019（6）：1 - 3.

［10］吴翠荣．职业院校实施现代学徒制研究［J］．现代教育，2014（9）：23 - 24.

［11］陈敬春．现代学徒制建设——现代职业教育制度的重要补充［J］．才智，2019（18）：45 - 46.

［12］李政．职业教育现代学徒制的价值研究——知识论的视角［D］．上海：华东师范大学，2019.

［13］丁雯，阚雅玲．人力资本视域下企业参与现代学徒制动力机制研究［J］．教育与职业，2016（19）：15－18.

［14］朱力，程娟娟．现代学徒制本土化发展的困境——以南京信息职业技术学院“昆山学院”为实例［J］．中小企业管理与科技（中旬刊），2014（12）：221.

［15］杜广平．我国现代学徒制内涵解析和制度分析［J］．中国职业技术教育，2014（30）：88－91.

［16］陈若蕾．具有广东特色的“234现代学徒制”人才培养模式改革探索［J］．职教论坛，2014（11）：59－62.

［17］刘群，元梅竹．现代学徒制的几种基本模式研究［J］．武汉船舶职业技术学院学报，2013，12（6）：1－4.

［18］关晶．西方学徒制研究——兼论对我国职业教育的借鉴［D］．上海：华东师范大学，2010.

［19］陈俊兰．职业教育现代学徒制研究［M］．长沙：湖南大学出版社，2014.

［20］AXMANN MICHAEL，HOFMANN CHRISTINE. Overcoming the Work Inexperience Gap Through Quality Apprenticeships［J］. Lit Verlag，2013：17－27.

［21］RICHARD MARSH. Progress With the English Apprenticeship［A］. In Salim Akoojee，Philipp Gonon，Ursel Hauschildt，Christine Hofmann（Eds.）Apprenticeship in a Globalised World：Premises，Promises and Pitfalls［M］. Berlin：LIT，2013.

［22］HOFER H，LIETZ C. Labour Market Effects of Apprenticeship Training in Austria［J］. International Journal of Manpower，2004，25（1）：104－122.

［23］MALCOMSON J M，MAW J W，MCCORMICK B. General Training by Firms，Apprentice Contracts，and Public Policy［J］. European Economic Review，2003，47（4）：197－227.

［24］徐国庆．高职教育发展现代学徒制的策略：基于现代性的分析［J］．江苏高教，2017（1）：79－84.

［25］王宇苓，雷沪，胡娜．产教融合人才培养中现代学徒制的价值探析［J］．天津职业院校联合学报，2016，18（8）：26－29.

[26] 赵鹏飞．现代学徒制人才培养的实践与认识［J］．中国职业技术教育，2014（21）：150－154.

[27] 关晶，石伟平．现代学徒制与农民工培训［J］．教育发展研究，2013，33（11）：37－40.

[28] 赵鹏飞，陈秀虎．“现代学徒制”的实践与思考［J］．中国职业技术教育，2013（12）：38－44.

[29] 王振洪，成军．现代学徒制：高技能人才培养新范式［J］．中国高教研究，2012（8）：93－96.

[30] DAVID GRAY，MARK MORGAN. Modern Apprenticeships：Filling the Skills Gap？［J］．Routledge，1998，50（1）.

[31] COLIN CROUCH. Skills - based Full Employment：the Latest Philosopher's Stone［J］．Blackwell Publishers Ltd，1997，35（3）.

[32] LERMAN R I. Training Tomorrow' s Workforce：Community Colleges and Apprenticeship as Collaborative Routes to Rewarding Careers［Z］．Washington，DC：Center for American Progress.，2009.

[33] AUTHOR F R．The Apprenticeship Approach：A Way to Overcome Demarcations Between Vocational and Higher Education［J］．Vocational & Technical Education，2011（22）：19－31.

[34] 李政．后试点时期的现代学徒制：认知重构与中国方案［J］．职教通讯，2018（13）：13－19.

[35] 周宏伟．认识“现代学徒制”的六个维度［J］．职教通讯，2017（10）：6－9.

[36] 李政，徐国庆．现代学徒制：应用型创新人才培养的有效范式［J］．江苏高教，2016（4）：137－142.

[37] 韩天学．缄默知识理论视域下现代学徒制企业师傅的角色定位［J］．高教探索，2016（4）：91－94，99.

[38] 陈靖．英国现代学徒制研究——基于利益相关者视角［D］．杭州：杭州师范大学，2016.

[39] 成洁．现代学徒制的校本研究与实践［J］．学校党建与思想教育，2014（16）：74－76.

[40] 陈俊兰．现代学徒制的合理性、现实性与合法性研究［J］．职教论坛，2014（16）：19－24.

[41] 田英玲．瑞士现代学徒制“三方协作”研究——英国、澳大利亚现代学徒制研究［D］．沈阳：沈阳师范大学，2014.

[42] 姚燕芬，潘建华．关于校企合作新模式——现代学徒制的思考［J］．当代职业教育，2014（1）：75－76，84.

[43] 关晶．法国现代学徒制改革述评［J］．全球教育展望，2013，42（4）：104－111.

[44] 苑国栋．政府责任：实现校企合作的必要条件——来自现代学徒制的启示［J］．职教论坛，2009（16）：53－55.

[45] 熊苹．走进现代学徒制——英国、澳大利亚现代学徒制研究［D］．上海：华东师范大学，2004.

[46] 王星．技能形成的社会建构——中国工厂师徒制变迁历程的社会学分析［M］．北京：社会科学文献出版社，2010.

[47] MITCHELL R K，AGLE B R，WOOD D J. Toward a theory of stakholder identifications and salience：defininf the principle of who and what really counts［J］. The Academy of Management Review，1997，22（4）：853－886.

[48] 王善迈．教育投资与财务改革［M］．北京：经济科学出版社，1988.

[49] 王培根．高等教育经济学［M］．北京：经济管理出版社，2004.

[50] 靳希斌．教育经济学（修订本）［M］．北京：人民教育出版社，2001.

[51] FULLER，ALISON. Modern Apprenticeship，Process and Learning：some emerging issues［J］. Journal of Vocational Education & Training，1996，48（3）：229－248.

[52] 王善迈．教育经济学概论［M］．北京：北京师范大学出版社，1989.

[53] 中国教育百科全书编委会．中国教育百科全书［M］．北京：海洋出版社，1991.

[54] 林荣日．教育经济学［M］．上海：复旦大学出版社，2001.

[55] 宋承先，许强．现代西方经济学（宏观经济学）［M］．第三版，上海：复旦大学出版社，2004.

[56] 欧盟委员会，欧洲学徒联盟组织．欧洲现代学徒制［M］．孙玉直，译．北京：中国劳动社会保障出版社，2016.

［57］肖先举，唐学红，王德堂．现代学徒制视野下校企文化融合的意义与途径［J］．职教通讯，2016（23）：10－12.

［58］杨红荃，苏维．基于现代学徒制的当代“工匠精神”培育研究［J］．职教论坛，2016（16）：27－32.

［59］冉云芳．企业参与职业教育办学的成本收益分析［D］．上海：华东师范大学，2016.

［60］陈冬梅．高职院校现代学徒制人才培养模式研究［J］．教育理论与实践，2015，35（30）：31－32.

［61］姚树伟．职业教育发展动力机制研究——基于利益相关者理论分析框架［D］．长春：东北师范大学，2015.

［62］关晶，石伟平．现代学徒制之“现代性”辨析［J］．教育研究，2014，35（10）：97－102.

［63］张羽飞．创新集群主体创新协同收益分配研究［D］．秦皇岛：燕山大学，2014.

［64］赵志群，陈俊兰．我国职业教育学徒制——历史、现状与展望［J］．中国职业技术教育，2013（18）：9－13.

［65］蒋春洋．制度分析视角下我国高等职业教育发展研究［D］．长春：东北师范大学，2013.

［66］林榕．企业投资中等职业教育的效益研究［D］．福州：福建师范大学，2013.

［67］徐晓鹭．校企合作创新中知识产权分配机制研究［D］．南京：南京工业大学，2013.

［68］鲍新中，王道平．产学研合作创新成本分摊和收益分配的博弈分析［J］．研究与发展管理，2010，22（5）：75－81.

［69］亓俊国．利益博弈：对我国职业教育政策执行的研究［D］．天津：天津大学，2010.

［70］王建龙，罗双喜．教育投资的收益分析［J］．中国商界（下半月），2009（11）：346－347.

［71］孙玫璐，石伟平．职业教育制度分析［J］．高等教育研究，2009，30（9）：83.

［72］刘鸿明，吴润，申亚民．教育成本的界定及分类［J］．理论导刊，2006（9）：77－79.

［73］杭永宝．职业教育的经济发展贡献和成本收益问题研究［D］．南京：南京农业大学，2006.

［74］范先佐，周文良．论教育成本的分担与补偿［J］．华中师范大学学报：人文社会科学版，1998（1）：24－31，130.

［75］王玉昆．教育成本问题初探［J］．教育与经济，1991（01）：48－53，23.

［76］赵静．乡村旅游核心利益相关者关系博弈及协调机制研究［D］．西安：西北大学，2019.

［77］冯克江，卢士华．多方联动探索现代学徒制分析［J］．现代商贸工业，2019，40（20）：89－91.

［78］谢琴．我国行业协会参与中等职业教育现状及问题研究［D］．桂林：广西师范大学，2019.

［79］吴学峰．中国情境下现代学徒制的构建研究［D］．上海：华东师范大学，2019.

［80］胡奎．校企合作机制：企业、学校、地方政府三方角色和职责研究［D］．武汉：华中师范大学，2019.

［81］史洪波，唐锡海．基于人力资本投资视角的现代学徒制制度供给［J］．成人教育，2018，38（9）：77－80.

［82］吴娉娉．基于合作博弈视角的现代学徒制利益相关者研究［J］．教育与职业，2018（14）：5－11.

［83］姚润玲．基于利益相关者理论的应用型本科院校产教融合绩效评价研究［D］．哈尔滨：哈尔滨工业大学，2018.

［84］贺艳芳．我国企业参与现代学徒制动力问题研究——基于中德企业的对比［D］．上海：华东师范大学，2018.

［85］贾文胜．我国高职院校现代学徒制运行机制研究［D］．上海：华东师范大学，2018.

［86］蔡荣雨．新型农业高职院校现代学徒制人才培养模式研究［D］．天津：天津农学院，2018.

［87］孙忠民，张明成．从契约理念视角探析现代学徒制改革［J］．教育与职业，2018（7）：34－39.

［88］佐赫．农民工市民化成本分担机制研究［D］．哈尔滨：东北林业大学，2018.

［89］濮筠．我国经济转型期高等职业教育投资的现状与发展研究［D］．苏州：苏州大学，2018.

［90］许悦雷．我国产学合作利益分配研究［D］．沈阳：辽宁大学，2017.

［91］李德方，周芳，马华，等．职业教育非货币收益：概念、方法、类型［J］．江苏教育研究，2017（33）：3－7.

［92］朱照照．农业科技成果转化中的权益分配制度研究——以湖北省为例［D］．武汉：华中农业大学，2017.

［93］王爽．我国中等职业教育经济效益与微观决策研究［D］．北京：中央财经大学，2017.

［94］李亚昕．企业参与现代职业教育治理研究——基于资产专用性模型的分析［D］．天津：天津大学，2017.

［95］冉云芳．企业参与职业教育办学的内部收益率分析及政策启示［J］．教育研究，2017，38（4）：55－63.

［96］郑玉清．现代学徒制成本分担机制研究［J］．职教论坛，2017（7）：15－19.

［97］周晶．历史进程中的中国特色学徒制改革：动因、经验与方向［J］．职业技术教育，2017，38（7）：25－31.

［98］徐国庆．我国职业教育现代学徒制构建中的关键问题［J］．华东师范大学学报：教育科学版，2017，35（1）：30－38，117.

［99］高志研．扎实推进试点工作　建立和完善中国特色现代学徒制［J］．中国职业技术教育，2016（31）：6－11.

［100］汤霓．国外现代学徒制理论研究与实践探索［J］．中国职业技术教育，2016（31）：25－29.

［101］张志华，李瑞芝，赵波．多主体参与的协同创新体利益分配机制研究——高校主导的协同创新中心视角［J］．科技进步与对策，2016，33（20）：25－29.

［102］赵鹤，王建梁．新西兰学徒培训投资回报研究及启示［J］．职教论坛，2016（22）：83－87.

［103］欧阳忠明，韩晶晶．成本—收益视角下企业参与现代学徒制研究［J］．现代教育管理，2016（6）：85－93.

［104］冉云芳，石伟平．德国企业参与学徒制培训的成本收益分析与启

示［J］．教育研究，2016，37（5）：124－131，152.

［105］胡赤弟．高等教育中的利益相关者分析［J］．教育研究，2005（3）：38－46.

［106］范先佐．教育经济学［M］．北京：中国人民大学出版社，2008.

［107］布劳格，韩云．当代教育科学译丛：教育经济学导论［M］．北京：春秋出版社，1989.

［108］高希均．教育经济学论文集［M］．台北：台北联经出版事业，1977.

［109］王恒，王美萍．校企合作：生成机制阐析与运行机制构建——组织间关系解释理论及其启示［J］．职业技术教育，2013（13）：27－31.

附录

教育部关于开展现代学徒制试点工作的意见

教职成〔2014〕9号

各省、自治区、直辖市教育厅（教委），各计划单列市教育局，新疆生产建设兵团教育局，有关单位：

为贯彻党的十八届三中全会和全国职业教育工作会议精神，深化产教融合、校企合作，进一步完善校企合作育人机制，创新技术技能人才培养模式，根据《国务院关于加快发展现代职业教育的决定》（国发〔2014〕19号）要求，现就开展现代学徒制试点工作提出如下意见。

一、充分认识试点工作的重要意义

现代学徒制有利于促进行业、企业参与职业教育人才培养全过程，实现专业设置与产业需求对接，课程内容与职业标准对接，教学过程与生产过程对接，毕业证书与职业资格证书对接，职业教育与终身学习对接，提高人才培养质量和针对性。建立现代学徒制是职业教育主动服务当前经济社会发展要求，推动职业教育体系和劳动就业体系互动发展，打通和拓宽技术技能人才培养和成长通道，推进现代职业教育体系建设的战略选择；是深化产教融合、校企合作，推进工学结合、知行合一的有效途径；是全面实施素质教育，把提高职业技能和培养职业精神高度融合，培养学生社会责任感、创新精神、实践能力的重要举措。各地要高度重视现代学徒制试点工作，加大支持力度，大胆探索实践，着力构建现代学徒制人才培养体系，全面提升技术技能人才的培养能力和水平。

二、明确试点工作的总要求

1. 指导思想

以邓小平理论、“三个代表”重要思想、科学发展观为指导，坚持服务发展、就业导向，以推进产教融合、适应需求、提高质量为目标，以创新招生制度、管理制度和人才培养模式为突破口，以形成校企分工合作、协同育人、共同发展的长效机制为着力点，以注重整体谋划、增强政策协调、鼓励基层首创为手段，通过试点、总结、完善、推广，形成具有中国特色的现代学徒制度。

2. 工作原则

——坚持政府统筹，协调推进。要充分发挥政府统筹协调作用，根据地方经济社会发展需求系统规划现代学徒制试点工作。把立德树人、促进人的全面发展作为试点工作的根本任务，统筹利用好政府、行业、企业、学校、科研机构等方面的资源，协调好教育、人社、财政、发改等相关部门的关系，形成合力，共同研究解决试点工作中遇到的困难和问题。

——坚持合作共赢，职责共担。要坚持校企双主体育人、学校教师和企业师傅双导师教学，明确学徒的企业员工和职业院校学生双重身份，签好学生与企业、学校与企业两个合同，形成学校和企业联合招生、联合培养、一体化育人的长效机制，切实提高生产、服务一线劳动者的综合素质和人才培养的针对性，解决好合作企业招工难问题。

——坚持因地制宜，分类指导。要根据不同地区行业、企业特点和人才培养要求，在招生与招工、学习与工作、教学与实践、学历证书与职业资格证书获取、资源建设与共享等方面因地制宜，积极探索切合实际的实现形式，形成特色。

——坚持系统设计，重点突破。要明确试点工作的目标和重点，系统设计人才培养方案、教学管理、考试评价、学生教育管理、招生与招工，以及师资配备、保障措施等工作。以服务发展为宗旨，以促进就业为导向，深化体制机制改革，统筹发挥好政府和市场的作用，力争在关键环节和重点领域取得突破。

三、把握试点工作内涵

1. 积极推进招生与招工一体化

招生与招工一体化是开展现代学徒制试点工作的基础。各地要积极开展

“招生即招工、入校即入厂、校企联合培养”的现代学徒制试点，加强对中等和高等职业教育招生工作的统筹协调，扩大试点院校的招生自主权，推动试点院校根据合作企业需求，与合作企业共同研制招生与招工方案，扩大招生范围，改革考核方式、内容和录取办法，并将试点院校的相关招生计划纳入学校年度招生计划进行统一管理。

2. 深化工学结合人才培养模式改革

工学结合人才培养模式改革是现代学徒制试点的核心内容。各地要选择适合开展现代学徒制人才培养的专业，引导职业院校与合作企业根据技术技能人才成长规律和工作岗位的实际需要，共同研制人才培养方案、开发课程和教材、设计实施教学、组织考核评价、开展教学研究等。校企应签订合作协议，职业院校承担系统的专业知识学习和技能训练；企业通过师傅带徒形式，依据培养方案进行岗位技能训练，真正实现校企一体化育人。

3. 加强专兼结合师资队伍建设

校企共建师资队伍是现代学徒制试点工作的重要任务。现代学徒制的教学任务必须由学校教师和企业师傅共同承担，形成双导师制。各地要促进校企双方密切合作，打破现有教师编制和用工制度的束缚，探索建立教师流动编制或设立兼职教师岗位，加大学校与企业之间人员互聘共用、双向挂职锻炼、横向联合技术研发和专业建设的力度。合作企业要选拔优秀高技能人才担任师傅，明确师傅的责任和待遇，师傅承担的教学任务应纳入考核，并可享受带徒津贴。试点院校要将指导教师的企业实践和技术服务纳入教师考核并作为晋升专业技术职务的重要依据。

4. 形成与现代学徒制相适应的教学管理与运行机制

科学合理的教学管理与运行机制是现代学徒制试点工作的重要保障。各地要切实推动试点院校与合作企业根据现代学徒制的特点，共同建立教学运行与质量监控体系，共同加强过程管理。指导合作企业制定专门的学徒管理办法，保证学徒基本权益；根据教学需要，合理安排学徒岗位，分配工作任务。试点院校要根据学徒培养工学交替的特点，实行弹性学制或学分制，创新和完善教学管理与运行机制，探索全日制学历教育的多种实现形式。试点院校和合作企业共同实施考核评价，将学徒岗位工作任务完成情况纳入考核范围。

四、稳步推进试点工作

1. 逐步增加试点规模

将根据各地产业发展情况、办学条件、保障措施和试点意愿等，选择一批有条件、基础好的地市、行业、骨干企业和职业院校作为教育部首批试点单位。在总结试点经验的基础上，逐步扩大实施现代学徒制的范围和规模，使现代学徒制成为校企合作培养技术技能人才的重要途径。逐步建立起政府引导、行业参与、社会支持，企业和职业院校双主体育人的中国特色现代学徒制。

2. 逐步丰富培养形式

现代学徒制试点应根据不同生源特点和专业特色，因材施教，探索不同的培养形式。试点初期，各地应引导中等职业学校根据企业需求，充分利用国家注册入学政策，针对不同生源，分别制定培养方案，开展中职层次现代学徒制试点。引导高等职业院校利用自主招生、单独招生等政策，针对应届高中毕业生、中职毕业生和同等学历企业职工等不同生源特点，分类开展专科学历层次不同形式的现代学徒制试点。

3. 逐步扩大试点范围

现代学徒制包括学历教育和非学历教育。各地应结合自身实际，可以从非学历教育入手，也可以从学历教育入手，探索现代学徒制人才培养规律，积累经验后逐步扩大。鼓励试点院校采用现代学徒制形式与合作企业联合开展企业员工岗前培训和转岗培训。

五、完善工作保障机制

1. 合理规划区域试点工作

各地教育行政部门要根据本意见精神，结合地方实际，会同人社、财政、发改等部门，制定本地区现代学徒制试点实施办法，确定开展现代学徒制试点的行业企业和职业院校，明确试点规模、试点层次和实施步骤。

2. 加强试点工作组织保障

各地要加强对试点工作的领导，落实责任制，建立跨部门的试点工作领导小组，定期会商和解决有关试点工作重大问题。要有专人负责，及时协调有关部门支持试点工作。引导和鼓励行业、企业与试点院校通过组建职教集团等形式，整合资源，为现代学徒制试点搭建平台。

3. 加大试点工作政策支持

各地教育行政部门要推动政府出台扶持政策，加大投入力度，通过财政资助、政府购买等奖励措施，引导企业和职业院校积极开展现代学徒制试点。并按照国家有关规定，保障学生权益，保证合理报酬，落实学徒的责任保险、工伤保险，确保学生安全。大力推进“双证融通”，对经过考核达到要求的毕业生，发放相应的学历证书和职业资格证书。

4. 加强试点工作监督检查

加强对试点工作的监控，建立试点工作年报年检制度。各试点单位应及时总结试点工作经验，扩大宣传，年报年检内容作为下一年度单招核准和布点的依据。对于试点工作不力或造成不良影响的，将暂停试点资格。

教育部

2014 年 8 月 25 日